チャールズ・E・ガルスト

ミカドの国のアメリカ陸軍士官学校卒業生

L. D.ガルスト
小貫山信夫［訳］

A West-Pointer in the Land of the Mikado

By LAURA DELANY GARST

聖学院大学出版会

A West-Pointer in the

Land of the Mikado

by

LAURA DELANY GARST

Fleming H.Revell Company, 1913

陸軍士官学校生時代のチャールズ・E・ガルスト

アレグザンダー・S・ベーコン

ローラ・デラニー（1864）

エルシー・H・スミス（1883）

ハーツエル・ガルスト（1890）

グレッチェン・ガルスト（1888）

ジョーナス・ハーツエル

仁王像

大仏

いやしの神々

ジョセフィン・ウッド・スミス

グレッチェンの生まれた家

日本家屋の内部

オイノさん

ニーナ・A・スティーヴンズ博士の和服姿

「神道信者と仏教信者に神の祝福を」

ほほえましい光景

東京青山にあるチャールズ・E・ガルストの墓

1892年のチャールズ・E・ガルスト

グレッチェン・ガルストとその母

秋田幼稚園

推薦のことば

本書は、聖学院を設立したアメリカの教会、クリスチャン・チャーチ・ディサイプルス・オブ・クライスト（ディサイプルス教会あるいは基督教会と略称されている）の初代宣教師、チャールズ・エリアス・ガルストの伝記です。

ともに伝道し、ともに行動したガルストの妻ローラ・デラニー・ガルストがアメリカの若い人々に向けて書き記しているもので、明治期日本におけるキリスト教伝道がどのようになされたか、生き生きと描かれています。とくに秋田・山形など他の宣教団体が宣教に向かうことのなかった地域で、迫害や同僚の宣教師夫人の病死など、多くの犠牲を払いながらも、忍耐強く伝道に取り組んだ宣教師たちの姿が印象的です。

ガルストは、醇乎たる福音的信仰を伝えましたが、日本社会の問題にも取り組まざるを得ませんでした。単税太郎と自ら名乗り、税の不公平を是正するために土地のみに税を掛けるべきと主張しました。また国会開設の運動にも取り組むなど、その生涯を日本の伝道と社会改革にささげました。

学校法人・聖学院は、このような宣教師たちの献身的奉仕の果実です。一九〇三年に、聖学院神学校が設立され、ことしで百年になります。

本書が、この記念すべき年に刊行されることを覚え、多くの方々に読んでいただきたいと、ここに推薦します。

二〇〇三年二月

小倉　義明
（女子聖学院校長）

序文

『チャールズ・E・ガルスト』〔本書の原題は『ミカドの国の陸軍士官学校卒業生』〕というすばらしい本に述べられているメッセージとその背景にある生涯について、心に湧き起る事柄を、この短い序文の中で語ることは容易ではない。この本の序文として短い文章の中に多くを書こうとする際に、この本に描かれた家庭がその愛と信仰と犠牲の精神を溢れんばかりに与えてくれるので、その仕事はさらに困難となる。チャールズ・E・ガルストのすばらしい献身的な奉仕を思う時、わたしの胸に満ちた感情を表す言葉を失う。そして、偉大な事業のために時を選ばず教会から教会へと旅を続け、それにもかかわらずこの本に盛られた物語が永遠に世界に働きかけるように、疲れ切った心と震える手で懸命に筆を執り続けたガルスト夫人〔ローラ・デラニー・ガルスト〕の苦難の日夜を顧みる時、わたしは言葉を失うのである。

そして更に、わたしがこの文章を書いているまさに一九一二年九月二一日のこの時刻に、グレッチェン・ガルスト〔ガルストの長女〕は、父親が日本と日本人のために労苦した末に墓に眠っている東洋の国に向かってサンフランシスコの港を離れようとしていることを思う時、心に起る気持を述べようとしても、適切な言葉が浮ばない。西洋が愛をもって、必要を抱えた東洋に手を差し伸べ、そしてデモインにいる母親とはるか太平洋岸の港の船上にある娘に必要な力を与えようと、天が低く身をかがめているかくも神聖な時に、筆を執るよりはむしろ祈っているべきだと心から思う。そこで、筆を進めている間も祈ることを許してもらいたい。恐らく、このような時から生まれたささやかな挨拶を耳にすれば、他の人々は、この事業と働き手のために後に祈りを捧げることになろう。

この本そのものについては何と言ったらよかろう。それはまず第一に全く男らしい男を描いたものである。この物語に出てくる、軍人出身の主人公は、必ずや老若男女の心に訴えることであろう。多くの少年たちは、ここに描かれた背の高いすばらしい男性を知るようになれば、伝道と宣教師について〔それまで持っていた〕考えを変えるだろう。また多くの少女たちも、この物語に描かれている家庭生活の神聖な目的を知ることになり、この目的が至る所で尊ばれるならば、世界は一変することになろう。

この本は確かに個人的な物語であり、夫と妻と子供たちがその名前を挙げられ、すべて包み隠さない姿でわれわれの前に登場している。しかしながら注意深く読み、言葉の中に心の叫びを見抜ける者には、ここに述べられていることは、偉大な目的に裏付けられていることがすべての個所に明らかに見てとれる。家族をほめ過ぎているということや個人的関係を強調し過ぎているということはできない。われわれのすべての所有物とわれわれの存在とを神の御旨の実現に捧げるようにという絶え間ない呼び掛けが聞える。しかしそのように真剣な訴えを、小さな子供たちの祈りや力強い男のおどけた冗談を通して神が自らの人々に授ける恵みと結びつけているのは良いことである。この本がその背景の自然さを失っていないのは良いことである。楽しい時も悲しい時も、敬虔な家庭のまさに奥の院の中を見ることを許されるのはすばらしいことである。

この本の本質的価値は、ガルスト夫人の著作は情報が豊かで霊感に溢れている点にあり、賞賛に値する。夫人は日本人の生活を生き生きと表わす小さな事柄を知らせてくれる。しかし、彼女はまた、日本人の貧困の悲劇を痛切に描いている。同時に、彼女は個々人の回心を描写することによって、主の福音に対する日本人の心の反応を意味深いやり方で明らかにし、励ましを与えてくれる。目次を読めば誰でも本全体に目を通したいという欲求に駆られる。出来事と語り、娯楽と訴え、表面にある事柄と奥に潜む事柄があざやかに混ぜ合わされているからである。

以上の序文の言葉は中国にいるエイブラム・E・コーリィが数日前語るのを耳にした言葉に触れなければ完全なものにはならない。コーリィは伝道活動の危機に当って、日本の最も偉大な政治家の一人に謁見する機会を与えられた。この有名な人物の面前に出るとコーリィは、凝った東洋的な言い回しで、彼の名と目的を尋ねられた。コーリィは、その答として、単に自分はチャールズ・E・ガルストと同じ働きと同じ人々を代表して来たと述べた。するとすぐさま、この日本の政治家（伊

藤博文のことと思われる。本書六五頁〕は立ち上って、
「西洋は未だかつてチャールズ・E・ガルストに勝る贈物を送ったことはない」と感情をこめて叫んだ。

この本はまさに、ガルストの奉仕に接した人々が見ていたガルストの生涯に招くのである。そして〔ガルストのように〕日本における開拓的奉仕と見なされるかもしれない困苦に耐える意欲と能力を備え、この奉仕を通して上記のような賛辞を勝ち得ることが出来た人は、確かに、今日われわれが心を留めるに値する。ガルストの仕事は終ってはいない。ガルストは今でも本国と海外の両方の仕事に大きな影響を及ぼしている。ガルストの仕事を受け継ぐ者は、忠実な夫人だけではない。夫人は昨年、海の彼方の国々に代わって二〇六回もの講演を行い、更に、四千人以上の公立学校の生徒に主としてハイスクールの生活について話し、一万四千キロ以上旅をした。それは今日故国から船出するガルストの献身的な子ども〔グレッチェン・ガルスト〕に依存するものでもない。それはガルストの頑健な令息や家庭にある年若い令嬢に依存するのでもない。二人とも分別盛りに奉仕するとき必ずや誇りにすることになる〔ガルストという〕名前を青年期に立派に帯びている。しかし、そうではなく、このような人物の働きは、彼が語りかけ彼がキリストのために生きた際に居合わせた東西両洋の人々により次々に受け継がれて、滅ることのない影響を通して生き続けるのである。幸いなるかな、そのようにすばらしい人々の間に〔キリストにある〕兄弟の結びつきを持

っていることは。もしガルストの生涯が何万倍にも増大されるならば世界は何と幸いなことだろう。

チャールズ・S・メドバリー

目次

はしがき

一八九三年にわたしたちが、二度目の奉仕をするため日本に帰った時、ガルストは、わたしたちが一緒に、特に若い人々のために本を書きたいという願いを述べました。アメリカの若い人々が日本人に対する興味を増すことを願っていたのです。

ガルストの願いによってわたしはその仕事を試みる気になりましたが、ガルストの助けがなければ、わたし自身の力不足を痛切に感じていました。しかし一方で、ガルスト自身がこの本を通して語ることを確信していました。確かに、ガルストが自分で筆を執っていたら、自分のことはほとんど言わなかったことでしょう。しかし、ガルストのこの本に対する情熱はまことに強いものであったので、ガルストの人生の目的と業績をより深く伝えるこの新たな贈物は快く祭壇に捧げられるものと思います。

わたしは厳しい現場の務めと差し迫った家事にもかかわらず、このようにつらい仕事をたゆまず続けるよう励ましてくれた友人たちに感謝します。またわたしが自由に意見を聞いた情報源に大いに負うていることにお礼を述べたいと思います。

何はさておき、永年にわたる主の御恵みに感謝し、この本を書き終える上で主の祝福を願い求めたいと思います。

アイオワ州デモインにて　ローラ・デラニー・ガルスト

1　少年時代

ウェスト・ポイント卒業生陸軍を去る

一八八三年五月のある晴れた日曜に、ダコダのフォート・ランダルで、〔ウェスト・ポイント＝陸軍士官学校〕七十六年卒業組で歩兵十五連隊のチャールズ・Eガルスト少尉は並々ならぬ関心の的になっていた。

「ガルストが軍隊をやめた」という知らせは、副官室から閲兵場を囲む将校官舎に伝わった。

査閲と衛兵の交替が終わって、ガルストの行動の理由について話し合う時間があった。

「彼は家畜事業をやるために軍隊をやめるのだと思わない」とC大尉夫人は尋ねた。

「それではほとんど彼の行動の説明にはならないよ。彼は休暇願では『海外に行く』許可を求めているのだから」と大尉は答えた。

「ガルストは何か特別な計画にとりかかっているに違いないのです」と同僚将校は口をはさんだ。「彼と同じ兵舎に泊っていた時よく彼が自分の部屋で祈っている声を耳にしましたから。彼は牧師になろうとしているのだと思います」。

その知らせがはっきりした形をとったとき、つまり昇進の見込みがすぐ目前にあり、有望な家畜の投資がある若い将校が宣教師として日本に行くために軍隊をやめるということが分った時、人々の驚きは余りあるものであった。北極に旅すると聞いても、この半分の驚きも湧き起らなかったであろう。伝道の計画は陸軍の人々の共感を遙かに越えたものであり、「愚か者」とか「気が変になった」とはっきり言われた。

インディアンとの戦争の形勢によって、スー族の酋長「シッティング・ブル（座る牡牛）」が三百人の戦士と共に捕虜としてフォート・ランダルに連れてこられた。そして辺境守備隊の生活の単調な日常にも、ときどきさまざまな胸を躍らせるような変化が訪れた。しかし、ガルストについてのこの最近の噂は並外れておもしろかった。昼も夜も、来る日も来る日も、わたしたちはお定まりの質問を浴びせられた。愛に富む神がキリストを知らないからといって異教徒が亡びるのを許すと思っているのか。彼らに福音など伝えれば、それを退ける機会を与えて、むしろ彼らの責任を増すことにならないだろうか。本国にもなすべきことが十分にあるのではなかろうか。キリスト教伝道にとって、米国陸軍ほど豊かな土地は見つかるだろうか。

奇妙なことに、「すべての国民を弟子とせよ」〔マタイ・二八・一九〕というキリストの命令を顧みないキリスト教徒と公然と名乗る者たちを義なる神がどう扱われるだろうかと、尋ねることは誰の心にも浮ばなかった。少数の人々は、この命令はそれが与えられた世代にのみ当てはまったのだと信ずるが、このような解釈は、「見よ、わたしは世の終りまでいつもあなたがたと共にいる」〔マタイ二八・二〇〕という言葉からその世代以外のすべての者を論理的に締め出していることを忘れている。また、世界という場の遠い国々では近い所と比べて働き手の数が釣合いがとれないほど少ないということについての明かな懸念も認められなかった。また、友人たちは、フォート・ランダルにおいてはすでに与えられているキリスト教徒の特権をおろそかにしているということに全く気づいていないように思われた。

夕食の時や穏やかな春のたそがれに、わたしたちは、自分たちの計画について熱心に話し合ったが、その時、多くの友人たちが与えてくれなかった共感が互いの間にはあることを確信し、わたしたちは快い安心感を抱いた。

「わたしたちが一緒に、多かれ少なかれはっきりと二年間、わたしひとりでは八年間考えてきたことがとうとう決まり、その知らせが『公になり』、本当に出かけることになったのは不思議に思えるね」とガルストは述べた。

「お母様はさぞ喜んでおいででしょう」とわたしは答えた。「きっと天国で全部分っていらっしゃるでしょうから。お母様は、あなたが、教会へ行く途中聖書を手にして庭を通って近道を行くのを見つめながら、『どう見ても説教師のように見えないこと』と叫んだものだという話ですから」。

「そう、母は喜んでいるだろう。しかし、他の人たちは賛成しないよ」。

「メアリーは賛成しますよ」とわたしは静かに答えた。

「うん、メアリーはわたしたちと一緒に行きたがるだろう」とガルストは熱をこめて叫んだ。この愛らしい妹メアリーは一家のお気に入りであった。彼女は、強い性格と不思議な気立てのよさの持主で、兄のチャールズに著しい影響を与えていた。わたしは何時も彼女を彼の「心の優しい妹さん」と呼んでいた。

「もしわたしたちの幼いミリアムが今生きていたら、海外に行く計画を立てることはそう易しくはないだろう」とガルストは思いに耽りながら言った。「小さな墓はわたしたちが教えに行く復活を待っているのです」。ガルストが生涯かけて熱望していた主題を口にした時、美しい褐色の目は輝いていた。わたしたちは遙かな地に偉大な仕事のため出かけて行くことについて静かに話を続けたが、そのときわたしは、言った。

「あなたが助けてくださるならどんなことでも我慢できるわ」。

「何時かはわたしはあなたのそばにいなくなるかもしれませんが、『いつも』わたしたちと共にいることを約束された方がいます。ああ、キリスト教徒であることは何とすばらしいことでしょう。

『わたしたちを愛してくださる方によって輝かしい勝利を収めています』という考えには何という崇高さがあることでしょう」。

遙か彼方の家に何を持っていくべきかが問題だった。本と寝具類とあまり大き過ぎないすべての絵を持って行くことが決まった。

「一切をできるだけこちらの家庭のようにしたらどうでしょう。ナバホー族の毛布は辺境での生活を思い出させる楽しいよすがになるでしょう。それにもちろん熊の皮の敷物も是非持って行きましょう」。

出発の準備が進む間、陸軍士官学校の生活がどのようなものであったかを振り返ってみよう。

ただの子供として

チャールズ・イライアス・ガルストが一八五三年八月二十三日にオハイオのデイトンに生まれたことは大したことではない。しかし、母親を通してスコットランド系アイルランド人の血が彼の体に流れていたことは大切であり、彼の母は宗教心が深く愛情豊かで、この六番目の子どもこそ、息子を牧師にしたいという彼女の祈りを叶える者になるに違いないと考えていたことの方が更に大切である。

チャールズの父はドイツ系の医師で、彼に抑え切れないほどの楽観主義の豊かな遺産を残し、完全な禁酒という生活態度で彼の手本であった。チャールズ少年は何時も母方の祖父を見習うよう教えられていた。

というのは、チャールズの父は、一八〇六年、十四歳の時、孤児になり、オハイオの辺境における生活の試練に打ち勝ったからである。当時、今日シンシナティーのある所は、ヘラジカ、鹿、狼、ワシが住むわびしい荒野であった。チャールズの父は、短い家族の記録の中で見たところでは、「善良で、酒を飲まない」ようであるが、結局のんだくれとして死んだ男のために家を建てたことを語っている。また別のところでは、「彼は、わたしに言わせれば、例の『ひどい溜り場』の一つをやっていた」と言っている。そして彼は次のように文を結んでいる。「わたしは今まで、この国を悩ましたもっとも大きなのろいの一つを愛する者とならずに生涯を無事に過したことに対し、すべて人々の中でもっとも感謝しなければならない。次に大きなのろいは煙草である。世界の偉大な支配者がわたしをこれら二つの大きな悪から守ってくださったことを感謝する」。

チャールズは神の偉大な野外が大好きであった。彼の兄弟であるウォーレンやジューリアスと森林をさまよい、狩りや釣りや水泳をしたり、マスクラットをわなでとり、ある時は体重一八キロものアナグマを捕えた。ガルストは後年、野や森についてほとんど何も知ることができないたくさんの子どもたちのことをよく嘆いていた。

チャールズが八歳の時、南北戦争の暗雲が国を包んだ。父親と兄が国家の召集に応じた時、一家に暗い影がさした。その後、二人は病に倒れ、母親はひとりで旅をして病人たちを連れ帰った。それから〔二人の〕身体の障害との長い戦いが始まったが、それは敵の銃弾や砲弾に立ち向うよりも苦しいものであった。

チャールズの若い時の問題の一つは気の短かさであった。ある時、彼は兄弟のウォーレンに腹を立てた。彼は、トウモロコシ畑に入って行き、すねてトウモロコシの列の間に横になった。やがてかわいがっていためんどりがチャールズがどうなっているか見るためにやって来た。めんどりは彼の様子を見ると、頭を初めは一方に、それから他方に向けてこっこっと鳴いた。めんどりが彼をつつき始めると、彼は我慢がならなくなって、さっと立ち上がって、おせっかいなめんどりをつかまえて容赦なく首をひねった。めんどりが彼の足元に死んで倒れた時、彼は気がとがめて、荒々しくその場から大またで歩いて行き、ひどく急いで数キロ歩いた。彼はその散歩で気が静まり、すごすごと家に帰りかけたとき、ウォーレンに会った。ウォーレンは、けんかしたことを苦にして、チャールズの後をついて来たのである。二人が家に着いた時、愛情深い母親のなしたことを見つけたのである。この母も気まぐれな子供のことをじっと考えていたのだが、ぜひとも家に帰らせようとして、家の隅においしい食事を置いていたのを見つけたのである。

チャールズは「公平なやり方」がよいと思っていたので、正義に反することがあれば憤慨した。

彼はまた、疑いもなくひょうきんな気質を持っていた。アイルランド系とドイツ系の職人がガルスト家の地所で地下室を掘った時、彼らは彼「チャーリー」にある一定の量の仕事をしたらきまった金を払おうという約束をした。彼は忠実に約束した仕事を果したが、彼らの方は約束を破った。チャールズは全くむかつく思いを持ち、そっとかたき討ちを誓った。彼は、職人たちがよくある一つのびんから飲んでいるのに気がついて、実際、その中の一人が「仲間」に次の日特別なごちそうをすると約束するのをふと聞いていた。チャールズは機会をうかがって、こっそりそのびんから中味を半分からにして酒の代わりに塩からい水を入れた。その結果は野心的な漫画家に事の「前」と「後」を書くのにすばらしい材料を提供してくれたことだろう。チャールズは、隠れていて、「前」の期待と「後」のひどい怒りに対する大きな快感をほとんど隠すことができなかった。そこで、かんかんになった労働者たちに近寄らないほうがよいと賢明にも心に決めた。

弟のジューリアスは宗教生活において、チャールズの親しい仲間であった。二人は日曜学校と教会の礼拝にかかさず出席した。鐘が鳴るや否や、二人は何をやっていてもすぐにそれを止めて、てきぱきと礼拝に行く用意をした。一家の年上の者たちは、「チャーリー」が祈祷会で話をしたときに、弟「ジューリアス」がすっかり感心して立ち上がりその話を一語一語繰り返したことを今でも喜んで語っている。

チャールズは少年時代の数年をイリノイのシャンペインで過した。その後、一家はアイオワのブーンに移った。そこから二六キロ離れた所に今では有名なアイオワ州立農業大学があって、チャールズはそこで二年間学んだ。彼は土曜日、じゃがいもを掘ったり、肥料を運んだり、いろいろな力仕事をしてせっせと働いた。彼の伝記を書く者〔ローラ・ガルスト〕は、彼が大変美しく形のよい手を持っていたことに触れてもお許し戴けるだろう。しかししばしばこの手は土曜の夜にはまめだらけになっていた。それから彼は、家が恋しくなって、時には、日曜を家で過せるように、ブーンまでの二六キロを歩いた。彼がエームズで陸軍士官学校に推薦されたのはもっぱらそれだけの価値があったからであり、有力者の口添えのためではなかった。それまで二名の推薦された学生が中退していたので、下院議員がエームズの学長に、「だれか終りまでやりとげる者を教えてほしい」という手紙をよこした。それに対する答えは、「チャールズ・ガルストを推薦します。彼ならやりとげます」であった。

医師のガルスト夫妻は、八人の子供を抱え収入も少かったので、このことを神の御旨と考えた。母はこの息子に福音の伝道者になってもらいたいという祈りを忘れてはいなかった。彼女は、切ない思いで、十九歳の骨ばった、ほっそりした田舎の少年の出発の用意をした。彼の袖とズボンは細長い手足にはあまりにも短かったが、清らかで正直そうな顔と誠実そうな褐色の目は罪を知らぬ健全な「うぶさ」を表わしていた。二人が別れた時、母と息子はこれが最後の別れになろうとはつゆ知らなかった。

軍人として訓練を受ける

当時陸軍士官学校では、下級生に対するしごきが盛んで、チャールズはその残酷な仕打ちにあった。彼は彼の先輩を吊したロープを見せられ、「おまえも同じような拷問にあわせるぞ」とおどされた。彼は父親に手紙を書いて、学校を止める許しを乞うた。怒った父親は、息子にこのようなやり方に絶対に反対であることを表明し、石を手元に用意しておいて、これからも同じような目にあったら、彼を苦しめる者たちに、ゴリアテをやっつけたダビデも顔負けするような猛烈な仕返しをするように、という返事をよこした。

陸軍士官学校における四年の経験の間、二つの重要な事件がくっきりと際立っている。はじめの出来事は母親の死であった。電報で家に帰るように言われてチャールズは急いで急行列車に乗った。母が生きている間に会えないのではないかという考えに苦しむ、神経の高ぶった青年にとっては、機関車はのろのろと動いているように思われた。彼はとうとう疲れ果てて不快な眠りに落ちたが、駅を乗り過したに違いないと思って何度もはっと目を覚ました。

母はもう一度チャールズに会いたいと思って、信じられぬような粘り強さで生に執着していた。彼女の息子が一人一人成年に近づくと、この賢明で優しい母は息子に特別な心遣いをしたが、ちょうどこの時、チャールズは格別に彼女の心配りの対象であった。しかし、母親の愛情でさえ、もろい命の糸を健やかに保つことはできない。その糸はぷっつり切れた。そして彼は、優しい母の目をもう一度のぞきこみたい、母の手をもう一度そっと握りしめたいと切に願っていたが、「母は永遠の眠りに就いた」という、口に出す方も耳にする方もつらい言葉に迎えられた。陸軍士官学校におけるチャールズの生活の残りはこのやり切れない哀しみの雲に色濃くおおわれた。そして彼はしばしば学校を卒業するのをあきらめかけるほどであった。

第二の注目すべき事件は、宗教的信念の変化であった。人は、陸軍士官学校を山頂の宗教的体験が起るような場所とはほとんど考えないであろう。しかしながら、神は自らを表わすに際して、人間の理性が、「好ましい環境」と考えそうなものに頼らないのである。神は、牢獄でバニヤンに、荒野でモーセに、羊を飼うダビデに、イナゴと野蜜の質素な食事を取る洗礼者ヨハネに、自らを表わされた。幻によるにせよ、燃える茂みにせよ、無数の星の声にせよ、わびしい荒野にせよ。神はいつもその場にふさわしい手立てを備えている。彼が陸軍士官学校でチャールズ・ガルストの宗教生活を変えるために用いた手立てはオハイオのシンシナティでアイザック・エレットが編集していた新聞「クリスチャン・スタンダード」であった。チャールズと同室でバプテスト派のアレキサンダー・S・ベーコン〔口絵写真ii〕がその新聞をディサイプル派の親類から送ってもらっていたのである。ある時、ベーコン青年は、あまり忙しくてそれを読む暇がなかったので、それを送ってくれても無駄だと書いたが、その手紙の後すぐに、ガルストという者がそれに興味を持っているから送るのを止めないようにという手紙を書いた。アイザック・エレットは、「イスラエルの王子」と呼ばれ、彼の属する宗教団体の人々の間であがめられていたが、当時知的ならびに霊的力の絶頂にあった。ガルストは十九世紀最大の宗教的運動についてのエレットの説得力のある論説に深く感動して、これこそ正に神の呼び掛け、すなわち、使徒教会の原則と慣習へ帰ることによって分裂したキリスト教界を再び結合させよという呼び掛け、であるという信念に熱烈に身を捧げたのである。グラント将軍から、国への奉仕と国旗の守護を誓約させる将校任命辞令を受けた後、一八七六年に卒業すると、若い士官の最初の関心事は、十字架の血染めの旗の下に教会に連らなって、キリストと人類への奉仕のために再び身をささげることであった。ガルストは長老派の影響の下に育ったので、幼時洗礼を受けていた。しかし理性的な服従による徹底して意識的な献身でなければ彼に満足を与えることができなかった。背の高い若い士官は以前ロンドンにいた故M・D・トッドの司式による美しい儀式〔浸礼によるバプテスマ〕で、主と共に葬られた。オハイオのデイトンにおけるこの神聖な礼拝は今でも多くの人々の思い出に残っている。

チャールズ・ガルストのもっとも良い資質を引きだしたのは軍隊ではなかった。

しかしながら米国政府は彼に教育を授けたので、陸軍士官学校の卒業生は誰でも、国に一万ドルの借りがあった。それぞれの卒業生は、陸軍士官学校に入った時から八年間勤務することが規則で定まっている。ガルストは在校年数のほかにほとんど八年間軍務についていた。

彼は、ニューメキシコ、テキサス、コロラド、ダコタに勤務している間に時間を規則正しく使って、別の生涯をかけた仕事につく用意に一層励んだ。彼は、聖書研究や一般の読書をしたり、スペイン語やインディアンの方言を学んで、度々通訳を勤めることができるほどであったが、自分の時間を有用に使ったのである。彼は、散歩、釣り、狩り、射撃など、注意深く肉体の鍛錬も怠らず、間もなく射撃の名手の襟章をつけた。資金の用意も注意深く行われた。彼の給料は節約して使われ、兄弟が大学を終えるまで援助した。熱心なキリスト教信徒としての努力もせっせと続けられた。テキサスの駐屯地に勤めている間に、一人の若い同僚将校が聖書研究に加わり、ガルストは、リオ・グランデで彼にバプテスマを授けた。ついに家畜事業が成功して、彼は、立派に軍役を離れるまでには、コンゴで独立した宣教師の仕事に取りかかれると思うようにまでなった。

2　準備期間

偶然の一致以上のこと

わたしが、はじめてガルストと出会ったのは、ガルストの計画がアフリカでの伝道活動に集中しつつあったころであった。わたしも一八六一年に同じオハイオ州のホープデイルという村に生まれた。わたしの「もっとも幼いころの思い出」は、美しく高いソプラノの声の持ち主である母が歌う戦争の歌と、アブラハム・リンカンの暗殺に対する父の深い悲しみである。これらと不思議に混り合っているのは、最初にはいた輪骨入りスカートとそれをはいて正しく腰を下ろすのを学ぶ苦労である。わたしはガルストと同じ教派の出身であった。十歳の時、わたしは母方の祖父ジョナス・ハーツェルからバプテスマを受けたが、彼はガルストが共鳴していた宗教運動の忠実な先駆者であった。ハーツェルの家は度々アイザック・エレット、キャンベル父子、その他の万民救済運動の指導者の休息所になった。わたしは、ニューヨークのユニオン・スプリングズにある私立学校、ハウランド学校に学んだ。この学校の空気はきわめてためになった。身体の面では、体育館の生活と優れたボート漕ぎの練習があり、知的な面では、力強く有能な教員たちが教える申し分のない教科課程があり、そして熱心な指導を受けた霊的な面では、日曜の朝に短いクェーカーの集会とハートショーン博士が聖書を解き明かした談話室でのおごそかな夕べの時間があった。ただ単に博士と一緒にその部屋に座っているだけでも祝福に恵まれた。

わたしは、学校での礼拝中に、聖句を繰り返し唱えたことをいつも感謝している。「わたしのもとに来なさい」〔マタイ一一・二八〕、「互いに親切にし、憐みの心で接し、神がキリストによってあなたがたを赦してくださったように、赦し合いなさい」〔エフェソ四・三二〕、「堅固な思いを、あなたは平和に守られるあなたに信頼するゆえに、平和に」〔イザヤ二六・三〕、「城門よ、頭を上げよ」〔詩二四・七〕、「目を上げて、わたしは山々を仰ぐ」〔詩一二一・一〕、「神は世を愛された」〔ヨハネ三・一六〕など他の多くの句が用いられた。以上の聖句はまた、わたしたちがオールを漕ぎながら過したすばらしい夕べに美しいカユガ湖上で口ずさむ時、大変役に立った。

それから、懐かしい昔の生活にはもっと気軽な楽しみもあった。冬には湖の上でスケートが行われた。湖の南端それにコーネル大学や谷間まで小さな汽船に六〇キロ以上乗る船遊び、そのほか古い校歌や学校でのいたずらもあった。

わたしの父は、仕事の都合上、ニューメキシコに出かけたが、二度目の旅では母と三人の姉妹とわたしは父と一緒に行った。わたしたちは、ラフンタ〔コロラド州〕からサンタフェ〔ニューメキシコ州〕まで、アチソン、トピカ、サンタフェを通る延長線を走る最初の汽車に乗る計画を立てていたが、病弱な姉妹にふさわしい席がなかったので、金曜から月曜まで約束された特等客車を待った。それは一種のにわか造りのしろものであることが分って、わたしたちは大変がっかりし、また不愉快になった。床はむき出しで、かなりみすぼらしい椅子は寄せ集められたものであった。わたしたちは分水界を越える時、少からず不安になった。というのは、車輌が驚くほど揺れたからである。しっかり立っていることはできなかった。そしてキャスターが椅子につけられていたので、椅子は、車輌の端から端まで狂ったように走り、もちろんいつも下の方の端に向かっていき、少しもじっとしていなかった。わたしたちは次の朝になって、機関手が山脈のもっとも危険な箇所で、機関車を制御できなくなっていたことを知った。わたしたちがはねとばされて死ななかったのは奇跡としか言えなかった。

歴史的に有名なサンタフェの町に数日留まった後、わたしたちはフォート・スタントンまでの陸路の旅を始めた。楽な四輪馬車が病弱な姉妹の快適な乗り物となり、他の者たちは、六頭のらばが引く陸軍の傷病兵輸送車に乗った。その体験は全く不思議で楽しかった。雪を戴くホワイト山脈のふもと、エル・キャプテン山脈の近くの、リオ・ボニト渓谷の美しい場所にあるフォート・スタントンまでの一万キロの登り坂を行く時のさわやかな空気、希薄な大気中の壮麗な月明の夜、野営、重いふた付きのなべでの料理、陸軍の携帯食器セットで食事、夜間の松のそよぎ、コヨーテの遠吠え、それから、最後の日の「野外生活」。その間、ならず者やインディアンをはらはらしながら恐れたので、御者たちは不意打ちに備えて、膝の上にウィンチェスター銃を構えて乗って行くことが必要になった。

フォート・スタントンに着いてまもなく、それは、一八八〇年二月の晴れた朝であったが、わたしたちは心地よい居間に集まった。低い日ぼしれんがの家は外観こそぱっとしなかったが、入口に足を踏み入れると、幅広く低い窓から日光が溢れんばかりに差し込んで、不快な印象は消えた。部屋の一方の側にスタンレーのピアノがあり、その地域に始めて輸送されたもので、辺境の苦難に耐えてその真価を証明した楽器であった。というのは、それを鉄道から運んだ御者は牛たちを失い、牛を探しに行っている間、雨期であったが、道端にそれを放置したからである。彼が牛を見つけるまで何日もかかった。しかしピアノは完全な荷造りのおかげで雨から守られた。箱の継ぎ目や裂け目は残らず詰め物をされ、ピッチが塗られていて、雨を通さなかった。部屋の隅には大きな暖炉があり、火が静かに燃えていた。わたしが新たに燃料を補給しようとしてベランダに出た時、あかりを持った一人の背の高い男が軽やかな早い足どりで広場を横切った。

「あれはこの駐屯所で一番すぐれた男、ガルスト中尉だよ」。父は、わたしたちが炎の舞い上るのを見守っている時、言った。

わたしはその男性の様子を余さず心に留めた——一八〇センチを越す身長、背筋を伸ばした身のこなし、金色にきらめく、巻き毛で褐色のあごひげ、人目を引く青い制服、「肩章と真鍮のボタン」。わたしには澄み切った優しい褐色の目は見えなかったが、これこそ、軍の命令に従って、愚かな恋愛に夢中になった娘を、連れ立って駆け落ちしたならず者との結婚から救い出すために、一五キロ離れたリンカンまで馬を飛ばした人であることが分っていた。ガルストは、やっと間に合って、式をやめさせ、心得違いの若い女性をフォート・スタントンにいる親類の所まで帰らせた。まきを入れる箱のそばにいた娘が若い士官にどんな印象を与えたかを述べるのは差し控えたいと思うが、少くとも、ガルストがそれから何年も後、この出来事を「わたしがミス・ローラに初めて会った時」と口にしたことがあるというのは一家に伝わっている話である。

人里離れた辺境の駐屯地のきわめて狭い社会に四人の若い女性が加わったことは、士官と一般人の両方にとても感謝された。音楽、騎馬旅行、遠乗り、釣り、そしてささやかな社交的な集まりなどは単調さを紛らせた。ホワイト山脈への釣りの旅が忘れ難い。その途上、六人の一行は、野営地から数キロ来た時、恐ろしい雷雨に突然襲われた。事態は実に深刻だった。というのは、渓谷の切り立った壁がわたしたちを囲み、不気味な雲がわたしたちの上に暗く垂れこめていたから。わたしたちは、でこぼこの道を野営地の方に進んでいる時、三頭のらばが杭につながれて草を食べているのを見つけた。

「三頭のらばに六人の人間だね。君たちは相乗りできる」と一人の紳士が尋ねた。

そのとたんに、稲妻が目もくらむばかりにひらめき、雷が耳をつんざくばかりにとどろいた。

「何とかやってみるわ」と女性たちは弱々しく息を切らせながら言った。

端綱のついた鞍なしのらばに乗るなんて、わたしたちは本当に楽しい思いをしたものだった。わたしたちは、震えながら鞍なしのらばに乗り、夢中になって、エスコート役のチョッキにしがみついていた。足下には切り立った絶壁、頭上には険しい山の所でらばが野営地を見つけて、急に勢よく走り出した時は全くきわどかった。危険は去り、嵐はまもなく静まった。あたたかいニジマスの夕食が危険にさらされたわたしたちを落ち着かせた。

わたしたちがときどき目のあたりに見た奇妙な光景の一つは、メスカレロ・アパッチ族の踊りであった。彼らが、うなり声を上げたり、叫んだり、頭を荒々しく振ったり、腕を急に伸ばしたり、巨大なかがり火の周りではねたり、足を踏み鳴らしたりした時、恐ろしい者たちの手に落ちることを考えただけでも、思わず体中が震えた。そして彼らが実際に「戦い」に出ると、恐ろしい略奪が行われた。部隊は、牧場の人々と彼らの権益を守るために、全員スタントンから出動を命じられた。インディアンたちが駐屯地の無防備の状態を知ったとき、襲ってくるのではないかと恐れて、わたしたち女性も火器の操作を懸命に練習し、騎兵隊のカービン銃と六連発ピストルをすぐ手近に置いて眠った。ある恐ろしい晩、わたしたちは、ものすごい物音に目を覚ました。眠くて十分事態が分らないまま、寝床から跳び起きて、武器をつかんで、「やつらが来た」と気が変になったように叫んだ。わたしたちは、その物音は、ボニトー渓谷を突進する野牛の群が大声で鳴いたことによることを間もなく知った。

毎週行われるスペイン語の夕方の研究会と日曜の午後の聖書研究会は、わたしたちを少々文明と結びつけた。現代生活において自己を改善する機会が正に欠けているからこそ、このような研究する機会に対する評価が高まった。そして強い教会的環境の豊かさは、このような特権から隔てられた生活の不毛さと比べられることによってはっきりと意義深いものとなった。

一八八〇年の秋に、ガルストは休暇を取ってフォート・スタントンを離れた。しかし、アフリカ伝道を決意していたので、優しい家族のきずなからやがて離れ、インディアナ州のインディアナポリスの近くのバトラー大学に入った。家から何年も遠ざかっていたので、家族とのきずなは、抑えられないほど彼の心を捕えていたのであるが。そこで彼は熱心に牧会の訓練過程を取り、その後陸軍に辞表を提出した。しかしながら、彼はフォート・スタントンに戻る必要があった。その旅の間、ニューメキシコ州のフォート・クレイグで重い肺炎にかかった。家や友人を遠く離れ、看護がひどく不十分だったので、彼は大変苦しみ、気が滅入った。体がかなり回復するとすぐ、彼はフォート・スタントンへの旅を続けた。ここで、回復期に伴う長い間の肉体的無力感のために、彼は、伝道の場に果して向いているのかどうか真剣に悩んだ。彼の陸軍との関係はまだ切れていなかったので、彼は将来の進路について苦しい不安な時期を迎えたが、それも幸いにわたしたちの婚約の喜びによって終りを告げた。

荒れ地での準備

この頃、ガルストはフォート・スタントンとフォート・クレイグの間の電報線を張るために派遣され、数ヶ月間この単調な任務で忙しかった。野営生活の寂しさと自然との親しい交わりがガルストにとって貴重な訓練となった。彼の熱心な求めによって、母は数名の若い人たちの付き添いをして「ガルストを訪ね」、彼の「家」ではなく「テント」でのパーティーは大成功を収めた。このことがあってから、彼は度々「幸福キャンプ」から書かれた手紙の中にこの時の訪問のことを述べている。「あなたがここに来た時は鳴き声しか聞えなかったフクロウが今では目に入ります。一羽などは、わたしのテントの入口の上に止まろうとさえしましたが、わたしが近づくと、びっくりして逃げていきました。恐ろしいトカゲ、それもテントの丸太の上にいる種類ではなく、ぬるぬるした黄色と黒の種類のものですが、たった今わたしのところにやってきました。わたしは彼を殺そうとしましたが、わたしの手を逃れて、ひどくおどけ、少々あざけった様子でテントの下に忍び込みました。その目は快活にきらめいていましたから、また戻ってきてわたしの毛布の間に潜り込むという約束をしたのかもしれません。たとえそれが本当にならなくても、彼を約束違反で訴えるつもりはありません。近くの細い川が昨晩のうちに水かさが増して幅が約九メートル、深さが二メートルある川になりました」。

軍用基地の資材調達部との連絡がうまくいかなかったため、彼は一時食料が乏しくなった、アルカリ性の水は特にまずく、体にもよくなかった。あまり陽気でない性格の人だったらかなりこたえたと思われるような不快なことや不自由さもあった。ガルストの世話をする「従卒」の親切なドイツ系の「フォス」と呼ばれていた兵士はそれを「補おうと努めた」。

将校は彼の部下たちとは社会的に平等ではないので、ガルストはこの数ヶ月の間、人里を離れた所で、ひどく孤独であった。神と共にあり、聖書と本を読みながら、彼は、山と砂漠の寂しさの中にあって、更に一生の仕事の準備を進めた。度々の鹿狩りや熊狩り、孤独な騎馬旅行、テントの中で、天地の驚異のただ中の微少な存在である人間を痛感させるすさまじい嵐や大暴風雨、ニューメキシコの大気の中ですばらしく美しく壮麗な月明りの夜——すべてはすでにイエス・キリストにあって神と一体になっている自然を、より優しく献身的な音楽に調和させるように思われた。どの神学校内でも、彼はこのような独特な経験が与えたような豊かで変化に富む訓練を受けることができなかったであろう。彼の手紙にはすべて、偉大な人生目的の血のように赤い線がにじみ出ていた。冗談やおもしろい言葉も語られていた。このような言葉で、ガルストは友人たちの間で人気があった。

ウェストポイントにおける四年間の訓練と八年間の陸軍の経験と訓練とは、単に、「キリスト・イエスの立派な兵士として、苦しみを忍ぶ」〔テモテ二、二・三〕ことを可能にしたばかりでなく、必要な人生と人間の研究によって、実務家および「交際じょうずな人」として準備させて、ガルストの後年の能力に大いに役立った。テキサスやニューメキシコの辺境には、人間性の研究には十分な材料があった。彼は「カウボーイ」や「ならず者」のタイプについては、その生地のままの姿、同僚の士官や彼らの家族については、教育や洗練された文明の影響を受けた姿で見た。そして更に、牧場経営者の中には、実務的な世俗的なタイプを認めた。彼の仲間の無頓着な自己本位の生活の中に、彼は深く考えるための多くの材料を見出した。彼は酒やトランプやダンスが勇敢な男性や才気溢れた女性から時間と才能を奪う様を見た。りっぱな品性に裏付けられていない時の「社会的」地位の空しさが彼には分ってきた。「自分の虚飾をはぎ取れない人がいるのは何と不思議なことだろう。将官は自分の階級によって天国に入れると思っている人がいる。そのような人にとっては、貴婦人は決して『地獄に落ち』ない、つまり、改訂訳聖書によれば、『罪を宣告』されないのである。キリスト教こそ、永遠の試練に耐える気高さの唯一の印なのである。われわれの救い主は、すべての階級の人々の間に出入りされた」と彼は書いている。

ガルストは軍隊の規則と「面倒な手続き」のために、福音の力について説く機会はほとんどなかったが、激しい誘惑を受けている時でも、非の打ちどころがないほど清らかで正しい生活によってその力を証明した。

一八八一年の晩秋に、ガルストの連隊はコロラドに行くよう命じられ、わたしたちは出発の前日に結婚した。彼の軍人としての生活に伴う事柄があるこっけいな面倒な問題を引き起した。例えば、手荷物が先に送られた後になって、司令官はガルストに彼が建設した電報線を点検するよう命じた。彼の乗馬服は手の届かぬ所にあったので、新婚早々の花婿は、駐屯地から出るために止むを得ず、ズボンを「赤いひも」で縛った「ふだん着の」制服を着てらばに乗ったが、そのひもは、気をもんだ義父がやっきになって手に入れることができた唯一のものであった。そして、花嫁のわたしの方は、大尉とその家族と一緒に傷病兵輸送車に乗ってしおれて後に従った。今では、「しごき」は大変うけがよくないので、「司令官」が新婚夫婦をそんな不愉快な目に会わせることはよもやあるまい。最寄りの鉄道の駅までの旅は五日で終わるはずだったが、荒天のため九日もかかった。わたしたちは、ある渓谷で三日間も雪に閉じ込められた。わたしたちは、性能の良い野営用のストーブがあるテントの中で、ほとんど不快を感じなかった。哀れな兵士たちは風雨に耐えなければならなかったが、わたしたちは、大尉とその家族と一緒に、とり肉を刻んでホワイトソースで煮込んだフリカッセ料理とかん詰めの桃を食べた。わたしたちはまた、その遅れで得をした。というのは、わたしたちの親友でもあり義兄でもある駐屯地副官のクラーク氏が、哀れに思って、余分の輸送車をまわしてくれるように司令官を説得してくれたからである。天気が晴れた時、わたしたちは全く二人だけで旅を進めた。多分、電報線は、別な手はずの下に行われた場合ほど十分に「点検」されなかったことだろう。

翌年、わたしたちがコロラドのフォート・リントンに駐屯している間に、メスカレロ・アパッチ族のインディアンがニューメキシコで好戦的な態度を再び取った。白人の開拓者たちは殺されたり脅されたりし、財産は容赦なく打ちこわされた。わたしたち自身の畜牛の権益も危くなった。もっとも残酷な行為も行なわれた。ある朝、白人の赤ん坊の死体が荷馬車のボルトで木に釘付けになっているのが発見されたという知らせがわたしたちの所に届いたのである。ガルストは、言葉で言い表わせないほど、腹を立て、とっさに、「内務長官」に文を書いて防備のない人々を守るために軍隊を増派するよう促した。彼は、「やつらを殺さねばならぬなら、ちゃんとしたやり方で、やらねばならない」というような文句で言葉を結んだ。すぐさま折返しに彼を「逮捕して」、フォート・レヴンワースに連行するようにという命令がやってきた。「逮捕だって。人もあろうに、ガルストをかね」と上官の大尉は当惑し驚きながら叫んだ。

もちろん、下級将校が首都にいる「当局者」に向かって差し出がましくそのような砕けた形式的でなく横柄な語り掛けをした以上、懲戒処分は避けられなかった。友人たちの間では、その事件はとてつもない冗談として笑いとばされたが、ガルストの軽い罪は全くその場のはずみによるものであったので、ガルスト自身どこが悪いのか思いつかず、軍法会議に出頭せよというその命令を受けて、真っ青になった。彼は「面倒な手続き」の回りくどい表現に我慢ができなかった。そして、きわめて軍人らしくなくおとなげない行為であったが、部下から上官に向かってというよりもむしろ、人間対人間として抗議を投げつけた。彼はこの事柄について心からくやしがっていた。彼が感情を吐き出したせいかどうか、その突然の事件はやがて収まった。この挿話は、このウェストポイント卒業生を海外の場に送り出すのに効果的な性格の特徴を暗示している。人々は苦しんでいる。かれらを守り安心させねばならない。そのためには何かをそれも早くやらねばならぬ。

わたしたちは、コロラドからダコタに行くように命じられた。この地で、わたしたちは、「牛〔の事業〕が引き合うようになったら」行きたいと思っていたアフリカの研究を続けた。そうこうするうちに、思いもかけずに、日本への招きが、当時キリスト教外国伝道協会の会長であった、わたしたちの共通の友人、アイザック・エレットから来た。わたしたちは、宣教師団の下で出かけることで責任が重くなったように感じたが、その申し出を断るわけにはいかなかった。しかし、わたしたちは、自活する宣教師になるという永年の間、心に抱いていた計画をあきらめたのではない。一八八四年に恐ろしいかんばつがわたしたちのささやかなすべての財産を一掃した。二万ドルと見積もられた牛の群れはほとんどすべて失われた。わたしたちは、その破滅が終わった後、約四百ドルを手にした。

3　遙かな戦いの場

旅の始まり

フォート・ランダルへの帰還、そして別れ。二十八年前は日本は遠い国であった。七月の朝、早くてまだうすら寒い頃、規定通りの六頭のらばが引く傷病兵輸送車が玄関に止まり、わたしたちは、もはや別れのつらさを逃れられない時がやってきたことを知った。家族のうちの数人が見送りにそこに立っていた。白髪の母はわたしたちの出発に痛切な思いを抱いていたが、喜んでもいた。何年も経ってから、わたしは、母がわたしが残してきた少々色あせた垂れ布を裂き、しゅすの帯は再利用し、わたしが手で扱った糸を一部取っておき、それを自分の結婚指輪の下に巻きつけたことを知った。

途中、数か所で楽しい訪問をし、それからインディアナのローマの近くのアイランドパークで投手礼が行われた。これは、その後は、インディアナのベサニー・パークで行われることになった年次集会であった。

按手礼には六名の志願者がいた。つまり、わたしたちのほかに、一緒に日本に向うジョージ・T・スミス夫妻と、インドに向うモートン・D・アダムズ夫妻であった。午前中に一般の礼拝があり、続いて、一五〇〇名の聖書学校があり、そしていよいよ神聖な午後の部に入った。一八八八年八月五日に、わたしたちだけがその礼拝にあずかった。アイザック・エレットが説教を行い、〔按手礼の〕すすめの言葉を述べた。〔そのときわたしは〕わたしたち女性が、説教や公の特別礼拝の責任を負うものならば、その按手礼を受けるわけにはいかないと主張した。わたしたちは、そうではなくて、夫の助け手として天の職務に必要なすべての務めに対する厳かな献身を表わすものである、と告げられた。

ブリーダン博士は、ずっと後になって、その按手礼についてわたしに語りました。「わたしは、あなたがたがアイランドパークで按手礼を受けた時、アイザック・エレットが述べた説教をよく覚えています。主題はコリントの信徒への手紙第二、四章三—五節に基づく『キリストのすばらしい福音』でした。

福音とは何かについての美しい導入のことばの後で、エレットは次の項目で主題を論じました。
一、キリストの福音はその恵みにおいてすばらしいのであり、行いによるものではない。

二、それはその真理においてすばらしい。神の似姿であるキリストなど。
三、それはその十字架、その犠牲においてすばらしいなど。
四、それはその結ぶ実、その恵み豊かな結果、その勝利においてすばらしい。
これらの点は、この上なく分りやすく詳しく述べられましたが、それは決して忘れることができない、すぐれた心に迫るメッセージでした」。

辛苦をなめた誠実な人々が、ひざまずくわたしたちの頭に手を置き、一方、アイザック・エレットが按手礼式の言葉を述べた。「神の御前で、そして、生きている者と死んだ者を裁くために来られるキリスト・イエスの御前で、その出現とその御国とを思いつつ、厳かに命じます。御言葉を宣べ伝えなさい。折が良くても悪くても励みなさい。とがめ、戒め、励ましなさい。忍耐強く、十分に教えるのです。……しかしあなたは、どんな場合にも身を慎み、苦しみを耐え忍び、福音宣教者の仕事に励み、自分の務めを果しなさい」〔テモテ二、四・一―五参照〕。

恐らく千人の人々がその式の後、わたしたちの手を握ったことと思われる。それはすべての人の心を深く動かした日であった。愛情のこもった別れを告げた後で、アイザック・エレットは、「もし船が沈んで、向う岸に着かないようなことがあっても、あなたがたは、この事業に着手することによって、大きな働きをしたことになるでしょう。教会は新しい生活に目覚めるからです」と言った。わたしたちは、途方もなく大きい意義のある運動に乗り出しているのだと感じた。

わたしたちは、すぐに西海岸に向かって発った。途中立ち寄ったうちでもっとも意味深かった所は、アイオワのディヴォンポートで、そこで祖父のハーツェルに別れを告げた。彼は、自分の孫たちがそのような神聖な使命に旅立つことを晩年の最後を飾るものと思ったのである。長身、白髪の堂々たる風采で、八十三歳の気高い老紳士は、家長らしい重々しさで、わたしたちに祝福を与えた。彼の太く低い声は感情をこめて響き、彼のドイツなまりの言葉で、聖書中の信仰深い百人隊長の例について若い軍人に熱を込めて語った時、その言葉の意味を強めるように思われた。それは、まことに忘れ難い別れであった。というのは、翌年、神はこの信仰の篤い人物を御もとに抱かれたからである。

わたしたちが、途中あちこち訪れた時、優しいまじめな友人たちが迎えてくれた。セントルイスでは、B・W・ジョンソンの家がわたしたちの憩いの場であった。当時はまだ新しかった美しい讃美歌〔「かみともにいまして」四〇五番〕が繰り返し歌われた。

スミス夫妻の六歳の娘エルシーは、わたしたち一行の幸せ一杯の存在であった。いつも明るく、大陸横断旅行の長い時間を人形を抱いて楽しく過していた。わたしたちが、海に向う最後の行程を急いでいた時、季節は九月の半ばであった。汽関車が何キロにもわたる雪よけ設備の中を煙を吹いて走った時、車内の温度計は四十度もあった。ほこりと煙で息も詰まりそうだった。

サンフランシスコでは、「全世界に行って、すべての造られたものに福音を宣べ伝えなさい」〔マルコ一六・一五〕というキリストの命令に従う努力を喜ぶ共通の主を信ずる人々が、愛情のこもった言葉と美しい花を水際まで持って来てくれた。わたしたちが「光を伝える」この試みが神により祝福されることを祈っている時、下の船室でわたしたちと一緒にひざまずいた。

船室は、当時の太平洋を航海する最良の定期船の一つであったオーシャニック号に予約してあった。「中国人排斥法」が施行されていたので、一二〇〇人の中国人が三等船室に詰め込まれていた。時は正に九月二十七日午後三時であった。最後の旅行カバンが船倉に降ろされ、歩み板が引き上げられた。機関が響き震え、船は揺れながら桟橋を離れる時、身震いするように思われた。その瞬間、突然、感情が強く湧き起こってきて、故郷と母国に対する思い以外は一切押し流してしまった。この旅立ちは、観光客の気楽な出発とは格段の違いである。それは、「死がわれらを別つまで」一生の間、出掛けることであった。わたしたちは、ルツさながら、「あなたの民はわたしの民、あなたの神はわたしの神」〔ルツ一・一六〕と祈っていた。船が桟橋から数メートル離れた時、一人の友が言葉を伝えようと叫んでいた。それがうまく行かないと、彼は、一枚の紙に急いで言葉を書きつけると、それを丸めて船の上に投げてよこした。それは、「ガルスト夫人」に宛てたもので、「いにしえの神は難を避ける場所／とこしえの御腕がそれを支える」〔申命記三三・二七〕という言葉が記されていた。

わたしたちは、船酔いを防ぐ計画をすべて実行しようと勇敢にも決心して、夕食の鐘が鳴るまで甲板を踏みしめて歩き、その時間が来ると、〔船酔いに〕負けまいと決心して、食卓についた。だが悲しいかな。食物のにおいをちょっと嗅いだだけで、高遠な決心は消え去り、わたしたちは、不面目にも、「船室が与える逃げ場を求め」ざるを得なかった。

オーシャニック号は横揺れに強いことが分った。秋の空がどんより垂れこめ、彼岸嵐が船に「縦揺れ」を付け加えたが、それはもっとも勇敢な船員をもその気力を失わせる。わたしたちは、外洋の航海には慣れていなかった頃のことは、思い出したくもない。ねじれる船材、調理室の棚から皿がどっと落ちる音、走り回る足音を耳にすれば、きっと事態は容易ならぬことになっているのだと危ぶんだものである。また、言葉に表わせないほど気が滅入って、船が沈んでひどい苦しみを終らせてもらいたいと願った時もあった。「外国に向う」宣教師たちは、しばしば主の荒野の誘惑を思い起こした。敬虔な気持ちで言わせてもらえば、それまでにないほど深い意味で、主の不思議な近さを理解するようになるのを感じる。彼らが御旨に新たに身を捧げて、頭を垂れた時、御父の手が特別な恵みを垂れて彼らの上に差し伸べられるように思われなかったろうか。父の御声が彼らが子であることを認めてささやかれるのがほとんど聞えなかったであろうか。とはいえ、外洋の航海が続く間、船酔いの苦しみと衰弱と憂うつを免れる者はまれなのである。疲れ果てた時には、「神の子なら」〔マタイ四・三〕というきわめて苦しい疑いが起る。サタンは紛れもなく、肉体的に弱り果て意気消沈している時をねらってやって来て、尊い決心から気をそらそうと全力を尽し、その決心は誤りであり、選ばれた奉仕にはふさわしくないのだと、ほとんど人を信じこませるのである。しかし、ゆるぎない信仰の持ち主には常に、本来の良心を表わす天使が訪れて勝利を与えるのである。わたしたちの父祖の神はわたしたちの揺ぎない隠れ場なのである。

三週間の海の旅

日本への旅は、当時は今ほど速くなかった。わたしたちは、ずっと荒天に見舞われ、三週間もの間海上にあった。しかしながら、単調さに悩むことはない。ウミツバメ、白と灰色のカモメ、イルカの群、時々みられる鯨の潮吹き、それからすばらしい海そのもの、その果てしない大海原、光と闇、日光と夕暮、そしてすばらしい月の光は、見る者に楽しい気晴しをたっぷり与えてくれる。それから込み入った食事の順序があり、船酔いを避けたい向きには、起きる前にお茶とトーストが出される。おそい朝食、一時ころに昼食〔tiffin、インド在住のイギリス人のことば〕、四時には社交的な人々のための午後のお茶、七時には手の込んだ正餐、それに重い食物をとれるほど丈夫でない人には、時たまスープが配られる。船内でも甲板の上でもゲームが行われ、本を読んだり、筆を走らせたり、人を訪れたりで、大洋の真中で、忙しい小さな世界が繰り広げられた。夕食は、一日の中の主な行事である。ただし、過去二十四時間の「走程」が張り出され、船客たちが、どのくらい目指す港に近づいたかを知ろうと群れをなす正午ごろのかたずをのむ一瞬だけは別であるが。船舶職員たちは夜会服を、船客たちは晴れ着を着て、正餐に出席し、各自その時間を楽しいものとしようと競い合う。エルシーは、間もなく時間を知らせる鐘を聞き分けるようになり、船橋からの船舶職員たちの呼び声も理解した。

それから、わたしたちが「日いずる国」へ船で向う時、時計を進めるのではなく、実際に暦から一日を省くことによって、(例えば、火曜の夜に床に就き、朝になって朝食に出ると、献立表に火曜と書いてあるのを見出すという具合に) 太陽王に追いつくというおもしろい出来事があった。帰りの航海では、一日加えなければならなかった。そして、その日は月曜に当たったので、わたしたちは、「洗濯日」が二度もあると言って笑った。

船内を廻るうちに、わたしは、下働きの者たちが船の奥で石炭をせっせとくべている姿を見て胸を打たれた。制服姿で威厳を見せている船長も、波の下ですすだらけになってこつこつ働く人々がいなければ、お手挙げになるであろう。地味な仕事も人生では大きな地位を占めているのである。

船内にいた十六人の宣教師たちの中で、わたしは、背が高く、品位のある初老のブロジェット博士を特に覚えている。何年も前に、博士ときゃしゃな夫人は若い時を中国〔の宣教のため〕に捧げた。彼女は、健康を害したので、医療を受けるために帰国し、九年の間、ひとりで闘病した。夫を伝道団の中で彼だけに向いている特別な仕事から引き離すことはよくないと考えたのである。やっと、二人は一緒に中国に戻るところであった。そして優しい博士は、夫人をあらゆる逆風からかばおうとしていた。この恋人のような愛情の深さを見るのはすばらしかった。それに、今ではイェール大学で伝道研究で有名になっているハーラン・P・ビーチがいたが、たくましく、男らしく、航海中非常に苦しんだ美しく若い花嫁を優しく気遣っていた。ミス・ダドリーは、日本の南部で女子教育に取り組んでいたが、月あかりのもと甲板で一緒に讃美歌を歌ったときいつも口ずさんだのは「ならびもなくとうとき御名のわが主」〔讃美歌三四八〕であった。しかし、わたしにとってもっとも印象的であったのは、成人した子息と令嬢を連れて、中国での愛着のある仕事に戻ろうとしている白髪のローリー夫人だった。彼女は、何年も前に、未亡人となり、二人の幼い子供たちを連れて中国から帰国したのであった。子どもたちをしつけ、彼らに教育を与えてから、夫人は、子どもたちと一緒に彼らの父親が命を捧げた仕事に喜んでもどるところであった。今までに述べたこれらのすばらしい人々や他の人々は、任期を更新して戻る途中であった。志有る者たちを外国伝道の場に引き寄せるものと考えられている「旅行の甘い気分」は全く消え去っていた。彼らは、次々と居を変えることの疲れ、難しい外国語との苦闘を知っていた。彼らは、家と親類から離れるつらさを知っていた。そして彼らは、疫病、飢饉と死に悩む異教世界の暗夜を知っていた。彼らはそのすべてを知っているにもかかわらず、再び仕事に戻る意欲に燃えていた。

わたしたちが横浜に着く前の夕方に、漁船が通り過ぎ、海岸に明かりが見えた時、船は大きな興奮に包まれた。三週の間陸地の影すら見えなかったので、今は、火山が吹き出す煙ですら良い眺めであった。翌朝早く、わたしたちは甲板に出た。その日はすばらしい日で、有名な富士山がこの上なく美しい姿を現わしていた。三七七六メートルの釣合いのとれた円錐形の火山は、美を愛好する日本人に神を指し示すかのように、天に向かってそびえ立っている。富士は、漆を塗った盆や絹の軸物に描かれていて、スイスのアルプス同様、日本についての考えとは切り離せない。何世紀もの間、「二つとない」この山は、何千万もの人々がいろいろな形の自然崇拝に縛られている、「神々の国」を代表してきた。毎年、三万人もの白衣を着た巡礼者たちが、「平安を求めて」この聖なる山に登るのである。その忘れ難い一八八三年十月十八日、富士は花嫁衣装をまとっていて、目にもまばゆい白い雪の衣は、ベールのような秋のかすみにおおわれていた。この壮大な山は、ほどなく日本が洗い清められ贖われて小羊の花嫁になる時、キリスト教国日本を象徴するにふさわしいものとなるだろう。

新しい交わり

わたしたちは、魂を奪うばかりの山の眺めから振り向いて、人が群がる横浜の港に目をやった。そこには、蒸気艇が汽笛を鳴らし、多数の軍艦から旗が陽気にひるがえっていた。やがて、美しい服装をした観光客たちが蒸気艇に乗り、それらは海岸に面する広い舗装した通りまで煙を吹きながら行った。わたしたちの仲間には、再会を大喜びする友人たちの歓迎を受けた者が多かった。三等船室がみじめな船荷を吐き出すと、船のわきにいる小舟に乗った裸同然の人足たちが船客たちを荒々しくひっつかもうとしている様子を見守っているうちに、わたしたちは奇妙な寂しい気分になった。わたしたちは時折甲板からこれらの哀れな人たちを見守ったが、ガルストが、「一生の間、三等船室に暮す人々は、何と哀れだろう」と気の毒そうに言ったのを覚えている。

やがて、禁酒ホテルのアンソニーがわたしたちを迎えてくれ、わたしたちは人力車に乗って通りを運ばれて行った。大人用の乳母車のような〔人力車〕の中で、本当にばかにされたような気分になったが、一方、立派な人間なのに、わたしたちのために荷物を引いてくれている車夫がひどく気の毒になった。わたしたちは、やがてこの人たちのはなはだしい貧困を知り、彼らが大喜びで僅かばかりの金をまじめにかせいでいることが分って、わたしたちの気分は軽くなり、人力車に乗るのが楽しくなった。わたしたちは、ひょっとすると車夫がどんなに高い身分の人であったか少しも知らなかった。というのは、封建制度が廃止された後、生れのよい多くの人々が切羽詰まって、特別な訓練を要しないこの仕事に飛びついたからである。彼らの生活はつらいものである。車夫は力一杯速く走る。ところが体が熱し過ぎ、客を待つ間に忽ち冷え、肺を病んで倒れる人が多いという。彼らがこの仕事を続けられるのは平均して五年に過ぎない。数年前には、東京だけでも、このような人々は四万五千人を数えたが、最近では、電車がその数を減らしている。

わたしたちが到着した金曜に、キリスト教の伝道者たちが歓迎の意を表わすために訪れた。アメリカ聖書伝道文書協会の代理人であるルーミズ氏が最初に訪れた一人であった。聖書翻訳で名高いハワード・クロズビーの姪であるミス・クロズビーとバプテスト伝道団のベネット博士は大変親切に援助を申し出てくれた。ベネット博士は、面白い話をしてくれた。故国から着いたばかりの彼の友人が教師を待ち受けていたので、博士は、「先生が来られたら、『おはよう』と言えば良い印象を与えるだろう。それは、『グッド・モーニング』という意味だよ。『オハイオ』州と似た発音だから、覚え易いだろう」と彼に言った。

会話がしばらく続いたが、やがて教師が入って来ると、日本に来たばかりの男は、立ち上り深々と頭を下げて、「アイオワ」と言った。

ベネット博士は日本語教師を推薦してくれて、さっそく次の月曜には、わたしたちは熱心にレッスンを受けていた。

わたしたちが初めての言語を習得しようと苦心している時、多くの面白いことが起った。例えば、わたしたちの仲間の一人は、皿が欲しい時、食卓で「サル」を持って来るように頼んだ。給仕は以前に新しく日本に来た外国人に接した経験があったので、皿を持って来た。

禁酒ホテルは、割合に費用がかからず、全く家庭的であったので、わたしたちは、そこに滞在して、一家を構えようと試みる前に一ヶ月日本語と取組むことに決めた。

日本語について一言述べてみたい。まず二つのアルファベット、つまり、片仮名と平仮名を征服しなければならない。それらは、四十八の音節から成り立っていて、書き方が約三百ある。文学も習うつもりならば、数千の漢字に慣れなければならない。書き言葉は、話し言葉と大いに違っている。本や新聞や手紙の言葉は、〔話し言葉と〕語彙と構文が異なっている。男性と女性は全く違う話し方をする。従って、わたしたちが本気で取り組んだのは、一つではなくいくつもの言語であったと言ってもよいだろう。そして、日本語は、世界中でもっとも難しい言語であると学者たちに言われているのを知っていたので、わたしたちは、この言語をどうやら修得したときには、主の御名において山を動かしたことになると感じた。

初老のキリスト教徒工藤〔与作〕が毎日わたしたちを助けてくれた。彼は帝国中に六人しかキリスト教徒がいなかった時に受洗したのであり、今日では、わたしたちの北国の教会の誠実な牧師である。

スミス夫人とわたしは、もしわたしたちが日本人の女性や子供たちに自由に分り易く話し、聖書を読める位に日本語を学べれば十分だと思っていた。男性たちは広い範囲にわたる文筆活動を切に望み、漢字の複雑な面を熱心に探究した。わたしたちは、通常の学習経験の段階を経ている間、多数の表現法を覚えたならば、苦労なしに「言葉が分る」だろうと思っていた。少し後になると、わたしたちは全く途方に暮れて、言葉を習得する望みを失い、ついに、辛抱強く努力し、健康に恵まれれば、いつの日か、わたしたちが携えて来た福音を伝えられるだけの言葉が分るだろうというかすかな望みに甘んじた。

わたしは、何故宣教師は外国へ出かける前に言葉を身につけられないのかとしばしば尋ねられた。当時は、アメリカの大学では日本語あるいは中国語講座のようなものは知られていなかった。もっと後の時代のすぐれた訓練校（チャールズ・T・ポールが校長をしている、インディアナ州インディアナポリスにある宣教大学よりよい所はないであろう）では、すばらしい準備教育が与えられ、伝道の場に着くとすぐに大いに役立つであろう。しかし宣教師は、何と言っても、すぐれた専門家であることを忘れてはならない。宣教師が選ばれた国から八千キロも離れた所で、外国人に奉仕するために完全に適任となるのを期待するのは、医者が法学部で医術に十分な準備をするのに等しい。現地で語学学習に費やされる時間は、決してむだにはならない。というのは、その間ずっと学習者は、他の多くのことを学んでいるからである。つまり、現地の人々の物の見方、彼らの礼儀、彼らに近づく方法、新しい風土で暮して、もっともよく力を保つ方法、比較宗教の実際的な面、成功を収めるためには欠かせない多くの複雑な問題の解決などである。

長時間にわたる学習の退屈さは、「現地の」町への遠足や前からの働き手たちの訪問によって活気づけられた。彼らは多くのことを教えてくれたのである。

しかし、横浜のことを思い出すといつも、不思議で不気味なそれでいて興味をそそる音が長い年月を通ってわたしの心に戻ってくる。それは目の見えないあんま〔マッサージ師〕の物悲しい笛の音である。東洋では、目の不自由な人々にしばしば会う。種痘の時代が来る前は、天然痘の及ぼす恐ろしい害がこの実状の一因となっていた。それからまた、貧しい人々は、台所の床の開いた暖炉でまきをくべ、屋根の天窓を除いては、煙が出るのに役立つものがないので、多くの煙が部屋の中に残って、目を傷つけ、視力をそこなう。更に、小さな赤ん坊は、生れて数日の時でも、年上の人たちの背に負われ、かよわい目は、東洋の太陽の容赦ない光線にさらされて、視力を失うことが多い。不潔な生活がそれに手を貸し、そのため、いろいろな原因が重なって、日本には何千何万もの目の見えない人がいる。彼らは、主にマッサージを業としたり、日本のピアノとも言える琴の弾き方を教えたりして、暮しを立てている。あんまは、わが国のマッサージ師ほど科学的であるように思われない。というのは、彼らは、心臓の方に向わずに、そこから遠ざかるようにマッサージをするからである。しかし、彼らはずっと料金が安く、その上、とても体を楽にしてくれる。横浜の家の勉強部屋に座り、はてしのないイロハニホという仮名表の単調さに飽きて、わたしたちは、秋雨が急にぱらぱらと降ったり、風がうめいたり、ことによると、地震で身震いした時、よく耳を澄ませた。そんな時、竹の笛の音が段々と近づいてくるのだった。肉体的に目の見えない人々は、わたしたちに、この美しい島国の帝国に住む何千万もの精神的に目の見えない人々を象徴した。それで、わたしたちは、次のようなエホバの約束を彼らのために実現する役に立ちたくてたまらなかった。「目の見えない人を導いて知らない道を行かせ/通ったことのない道を歩かせる。行く手の闇を光に変え曲がった道をまっすぐにする。わたしはこれらのことを成就させ/見捨てることはない。偶像に依り頼む者/鋳た像に向って『あなたたちがわたしたちの神』という者は甚だしく恥を受けて退く』〔イザヤ四二・一六〕」。

古い日本の名残

一八八三年には、古い日本と新しい日本が奇妙に混り合っていた。そして実際このことは、十分経験のない者たちを当惑させるほど今でも本当である。

日本の外の世界との悲劇的な接触は、コロンブスがアメリカを発見した約半世紀後、すなわち、ポルトガルの商人たちが利益を求めて来た一五四二年に始まった。そして五年後に、聖別されたイエズス会の修道士フランシスコ・ザビエルが不完全な福音を伝えた。ザビエルの働きは短く、三年にも満たなかった。そして彼の後継者たちがカトリックの宣教活動において収めた大成功は七十年から八十年にわたった。

歴史家によっては少なめに見積っているが、少くとも六十万人の改宗者が生れたと記している。

他の人々の法外な数字は優に百万人を超えている。このような宗教的征服には、疑いなく政治的要素がある。スペインも盛んな貿易を耳にして、フランシスコ会や、ドミニコ会の修道士を引き連れてやって来た。英国やオランダもその奪い合いに加わった。すべての国々は、イエズス会の勢力をねたんだ。司祭や修道士たちは、互いについての中傷的な報告を回して、疑い深く醜い争いをした。とどの詰まり、ある船長は、どうしてスペインはそんなに多くの国を征服できるのかと尋ねられると、軽率にも、宣教師たちは改宗者を得るために遣わされるが、彼らは法王が軍隊を率いてやって来た場合、当の国を従わせるのに役立つだろうと答えた。この発言がきっかけとなって、くすぶっていた火が燃え上がった。その優れた統率力により日本のナポレオンと呼ばれていた秀吉は、このようなことは帝国には決して起こさせぬと宣言した。たちまち、二十日以内に日本の国から出て行かない外国人があれば誰でも、死刑を申し渡されることになった。

後の支配者たちの下では、「イエスの教」を根絶やしにするため、恐ろしく思い切った策が用いられた。迫害の中心であった長崎では、一つ一つの通りに、取締り役人が置かれ、下役たちは各自五軒に目を光らせた。「踏み絵」の儀式が著しい特色となった。役人は信者をかくまっている疑いのある家に入り、床の上にキリストが十字架にかかっている小さな絵を投げ、拷問と死を免れたい者は皆神聖な印を踏みつけるよう荒々しく強制した。母親たちは小さな赤ん坊を抱いて行き、小さな足を憎むべき絵に載せなければならなかった。それを拒んだ者は、自分を待ち受けているものを知っていた。多くの温泉には、反抗的な者たちにあびせる煮えたぎるような湯が十分あった。場合によっては、背中の肉が深く切り裂かれたので、拷問はきわめて恐ろしいものであった。あえぎながら吸い込む硫黄の煙は、苦しむ人々が受ける苦痛を増した。穴の上に逆吊りにされ、血が口と鼻から吹き出たにもかかわらず、八日か九日の間拷問に耐え、信仰を守りながら死んだ者もいた。ある少女は、不滅の栄光が与えられるまで、このような恐ろしい状態にあって十五日間生き続けたと言われる。二十年にわたって、外国から伝えられた宗教の信者に対して、正にお祭り騒ぎのような拷問が加えられた。これらの罪のない驚くほど勇気のあるキリスト教徒の苦しみを増す手段を工夫するために、あらゆる巧妙な残虐行為がきわめられたように思われる。今でも観光客に長崎の近くのがけが差し示されるが、そのような恐ろしい時代に、そこからキリスト教徒たちは投げ落とされ、下にあるぎざぎざのある岩に当ってむごたらしい死を遂げたのである。生埋めにされた者もあり、米俵に包まれ、山積みされて火あぶりになった者もいたし、さらに、食物が見え、そのにおいがする所で、おりに閉じ込められて餓死した者もいた。女たちは、裸で四つんばいになって、通りを歩かされた。場合によっては、死が訪れるまで苦痛を長引かせるために、大釘がつま先や指の爪の下に打ち込まれた。「メイフラワー号」と同じ時代に、日いずる国の何千何万もの人々が、救い主の「十字架を踏む」よりはむしろ、甘んじてこのようなぞっとするような死を受けたことを思うと胸が痛む。間違いなく、このような証拠に接すれば、外国の地の改宗者たちの誠意を疑う者は永久に口を閉ざすことだろう。これらの人々にとっては、「十字架の道」は、わが国の見事な教会の座席に気楽に座って美しい歌を歌う人々にとっての意味とは全く違う意味をもっていた。

この恐怖政治は、一六三八年頃におさまった。政府は、ローマ・カトリックの跡は一切日本から根絶されたと勝手に思い込んだ。十七世紀の末までには、それは「日本の記憶に残る恐ろしい傷跡」と呼ばれるようになった。帝国は「鎖国」と宣言され、二百年以上の間、国に出入りすることは刑事犯罪であった。しかしながら、「鎖国」の国は水も漏らさぬように、閉ざされたわけではなかった。日本人は大きな外の世界を少しばかり味わったことがあったので、好奇心から、長崎の南にある出島にのぞき穴を残しておいた。この島に、少数のオランダの商人たちは、きわめて厳しい制限の下に住むことを許された。

マダガスカルにおいては、一八三六年から一八六一年に至る二十五年にわたる迫害の間、人々は、聖書というこの上ない助けを持っていたが、日本人は、試練において支えてくれる神の言葉を持っていないという不利な立場に置かれた。従って、それから一世紀後、一八五四年に、ペリー提督により、この国が開かれた時、何千人というカトリック教徒が、長崎のまわりの村々に散らばって、秘かにキリスト教の火を燃やし続けてきたことは、さらにいっそう驚くべきことである。彼らは、主の祈りその他のいくつかの祈り、それから洗礼式を用いた。四千人の信徒が、一八六八年に至るまで、三十四の牢獄につながれ、苦役に就いていた。迫害の終りから一八七三年まで長年の間、グリフィスの言葉によれば、「どこの町、村、部落にも、路傍、渡し場、あるいは山の峠に、都のどの入口にも、公の掲示板が立っていて、その上には、社会関係と政府を乱す重大な罪に対する禁令と共に、一つの平板があり、その上には、エルサレム郊外の小さな丘に、二人の強盗の間に立てられた十字架の上に同様な罪状書きが掲げられた時よりも重い罪が記され、より忌わしい血を思い出させ、よりおぞましい迫害の恐怖を与えていた。そこに記された名は、かたずを呑ませ、顔色を蒼ざめさせ、地震のように人を恐怖で襲うのだった。それは、魔術、扇動、家庭の清らかさと社会の平和を損なう一切のものと同じ意味を持っていた。その名はキリストであった」。公の掲示板には、次のように記されていた。「太陽が地を照らし続ける限り、いかなるキリスト教徒も日本には入れない」。

密告者には、報酬が与えられた。グリフィスによると、キリストは、「キリスト教の犯罪的な神」ときめつけられた。「キリストは人々にこのように伝えられた。……これらの告示文は、生徒たちに拾い読みされ、皆が読んだ。……母親はイエスの名を挙げて、子どもたちを脅して黙らせた」。

グリフィスの『日本の諸宗教』(三四五―三四九頁)から、日本におけるローマ・カトリックの一世紀におよぶ宣教の結果が簡単に集められるかもしれない。

雲間の裂け目

キリスト教の殉教者は別にして、このような遠い昔の異教の日本人の間に真に偉大で立派な指導者がいたというすばらしい例を記すのは喜ばしいことである。佐倉宗五郎はそのうちの一人である。彼は、愛する人々の上に、耐え難い負担を負わせた不当な課税に抵抗したかどで、一六四五年にはりつけで処刑された。このまことにすばらしい人物は、「わたしは、悪事で罰せられるわけではないから、先祖に対する不孝な行いで責められることも、後の世に悪名を残すこともあるまい。わたしの命は、わたしの人々のすべてのために与えられるのだから。わたしは、ただ嬉しいばかりだ。それどころか、このような死に方をするのは、わたしのかねてからの願いであった。だから、わたしのために悲しまないで、これから先にこのような悲しい日々のことをたまたま思い出したなら、わたしのために祈ってもらいたい」と言った。十字架の上で、宗五郎は、「もし五百の命が与えられても、わたしは、あなた方、わたしの人々のために、そのすべてを喜んで捧げよう」と言った。故ディフォレスト博士は、宗五郎の話は、他のどの人間の話よりもカルバリ〔の十字架のイエス・キリスト〕の話によく似ているように思われる、と言った。

『日いずる国の日の出』の中で、ディフォレスト博士は、昔の日本のすぐれた人物の興味深い出来事を述べている。彼は、自分の藩が窮乏に陥った時、人民の「父母」になりたいと思うと言った大名の名を挙げている。彼は絹の代わりに綿を着て、出費を八割に減らし、苦しむ人々を救うため全力を尽した。博士は更に、「彼は、遊廓の悪影響をきらい、自分の領地から、それらを全廃した。『汚れない道徳的な家は、国の土台である』と彼は言った」と書いている。偉大な将軍家康は、十七世紀の初期に、敵が戦いに負けて、赦しを求めに来た時、すぐにそれを与えて、印象的な道徳的な力を示した。しかし、家康の七人の将軍たちは、是非とも復讐をしたいと願った。けれども、家康は彼らに、「猟師でさえ、困った鳥がふところに逃げ込めば、哀れむものだ」ということわざを引いた。

この「鎖国」の間、まさに強い影響が働いていた。おそらく、宣教の歴史の中で、マサチューセッツのブルックリンに組織された祈りの輪ほど記録に残された出来事はないであろう。

閉ざされた戸開く

一八五三年に、ペリー提督が、合衆国ミラード・フィルモア大統領の名で、「特に、難破した人々の人道的待遇を互いに約束し、米国の船が日本のどこかの港で石炭と水を補給する許可を求めるための、友好通商条約」を要求した時、古い日本の終りを告げる鐘が鳴らされた。ペリーは、何も達成できずに、翌年再訪することを約束して、本国に帰った。ペリーはこの約束を果し、西欧文明がすぐれていることを説得力をもって明示して、賢明に渋り勝ちの鎖国主義者たちに開国を納得させた。彼は、数キロの電信と小型の鉄道を操作し、電気器具の力や、ミシン、錠前、すき、ランプ、辞書、その他に無血の勝利に役立たせるために持ってきた興味深いものの有用性を示した。

ともかくその時は、「毛深い野蛮人は追い払え。そんな奴は無用だ」という叫びは、これらの成人した子供たちの喜びに溢れた賞賛のうちに消え去った。ペリーは大砲の恐ろしい力も抜かりなく見せつけた。彼個人の態度も、望んだ目標を達成する上で重要な要因であった。彼の上品さ、親切さ、および毅然たる態度は、力は備えながらそれを使わず、ある高名な日本人に、ペリーは野蛮人であるはずがない、もしそうなら、日本人も野蛮人であるに違いないと叫ばせた。

アメリカ総領事のタウンゼンド・ハリスも、一八五五年から一八六〇年まで絶えず働き、多分、商人や宣教師に日本を開く上で主な要因となった。昔から東洋文明が盛んであった小さな帝国は、西洋文明を学び始めた。オランダからは、技術者や科学者が急いでやってきた。フランス人は軍事その他の事がらを教え、「スイス人や北欧人やイタリア人は、それぞれ贈物を山ほど持った手で、何か新しい利益を日本に与えた」。アメリカも、負けじ遅れじと自分の分を与えた。グリフィスは、「きわめてすぐれた人物を含み、恐らく四千人から五千人の外国人が、新しい日本の形成に尽した」と言っている。

後年になると、日本人は教育を受けるために海外に渡り、有能な指導者たちを養成した。クレメントが言うように、アメリカ人は、「最初の友好条約は、ペリーにより取り決められたものであり、日本で公に掲げられた最初の外国の旗は、一八五六年九月四日にハリスが下田で掲げた星条旗であり、ハリスこそ外国から日本に遣わされた最初の公認の外交官であり、彼こそまた、当時皇帝であると考えられていた将軍による最初の外国代表との謁見の光栄に浴した人物であり、彼が、最初の通商条約を結んだ」という事実を思い出すことを好む。日本人は今では、アメリカのために元気よく「万歳」と叫ぶ。ある学校で生徒たちが、歴史上もっとも好きな人物を選んだ時、アブラハム・リンカンが勝利を占めた。ペリー来航時には、〔日本人の〕すべての外国人に対する憎しみがきわめて激しくて、二十万人の命を奪った一八五五年の恐ろしい地震と、十万人が死んだ一八五六年の東京大火災が、外国人、つまり「毛深い野蛮人」の存在とその結果生じた神々の怒りと復讐のせいにされていたことを考えると、不思議な感じがする。

現在の睦仁天皇〔明治天皇〕は、一八六七年に即位した。大昔から、天皇は、国民に神とみなされ、崇拝されて、ごく奥まった所に暮していたのに対して、現天皇は、重要な時に行幸した。そしてそれほど重大でない時も、外に出かけた。というのは、わたしは、天皇が競馬観覧のために横浜を訪れたことを覚えているからである。わたしたちは、天皇が車両から降りて馬車に乗るのを見るために、もの見高い人々の群れと駅に出かけた。現天皇と共に、明治時代、つまり、「開明の時代」

が始まったのである。明治天皇の顧問たちは（天皇はわずか十六歳であった）、確かに、一八六八年に「五箇条の誓文」を作成する際に、すぐれた構想力と洞察力を示した。それは議会設置を約束し、上下いずれの階級の者も社会的ならびに政治的経済の研究に努め、社会のすべての者があらゆる立派な目的を求めて、天皇の意志を実現することに励み、「過去のすべての愚かな慣習をしりぞけ」、最後に、「帝国の基礎を堅く立てるために、世界の至る所に、知恵と才能を求めるよう」、勧めた。

すばらしい友人たち

日本人が一人残らず、宣教師からの恩義に感謝しているわけではない。次のような言葉で宣教師の働きを認めたことは、日本人の中でもっともすぐれた故伊藤〔博文〕公にふさわしいことである。「日本の進歩と発展は、日本が外の世界を初めて研究していた時に、宣教師たちが正しい方向に及ぼした影響によるところが大きい」。

大都市の巨大な基礎工事現場のそばに立つ時、必要な入り組んだ機械類と、その上に建てる巨大な天に達するほどのはがねで支えた建造物を組立てるために払わねばならぬきわめて困難な労苦を思う。人は、成功を保証するためになしとげねばならない地下の目に見えない忍耐強い仕事を考えて心を打たれる。導火線が大きな船の航路を開くことができる前には、文字通り、地獄の門にたくさんのダイナマイトを詰めたトンネルを掘る必要があった。

日本におけるプロテスタント・キリスト教が土台を据えるには、一八五九年から十年以上にわたる地下の労苦が必要であった。日本人は宣教師たちを昔のえせ信心家と同じだと思い込んで、憎んだ。なぜなら昔のキリスト教徒に対する恐ろしい迫害は、大きな印象を留めていたので、キリスト教の話題が持ち出された時、思わずそれを聞く者の手はのどをさぐったが、そのしぐさは、その話題を口にするのは危険であることを示した。この国には刀を二本差した侍があちこちにいて、農民を切って、刀の切味を試すのをためらわなかった。しかも、彼らは、外国人をひどく憎んでいたので、宣教師たちは、じっと家にこもっていなければならなかった。言葉の勉強のため日本語教師を得ることはほとんど不可能であった。キリスト教を禁ずる布告は、まだ高札によって、どこの公の場にも宣言されていた。伝道の目に見える成果はごく乏しかった。この時期には、わずか六人だけが、勇気をふるって信念を貫きキリスト教徒になった。それまで国内にいた伝道者たちまで、悲観的になり、この仕事を始めたのは早まったのではないかと考えた。南北戦争の影も、アメリカから来た働き手の上に重苦しくのしかかっていた。しかし、宣教師たちは、勇気と望みを失わずに忍耐し、前進する決心を抱いていた。

〔伝道の〕準備作業を行う必要を知っていたので、彼らは、聖書の翻訳を試み、文法や辞書も編集した。厳しい偏見も次第に消え、キリストを伝える本道が備えられつつあった。このような先駆者たちを何人かよく知ることは大きな光栄であった。

まず第一に、必ず、年代順には他の少数の人々よりも少し後に来たのではあるが、ギードー・F・フルベッキ（Guido F. Verbeck）の名を挙げねばならない。グリフィスが述べるところによれば、「彼は、生涯を通じて、皆の目にとまる錨綱の上ばかりでなく、進んで人目につかぬ水中の現場でこつこつ働き、甲板上や司令塔の中ばかりでなく、戦況も分らずに、砲塔にこもる水兵として戦うことをいとわなかった」。フルベッキ博士は自分自身について、「わたしは、静かに働くのが好きだ」と言った。このような人物はまことに貴重であった。というのは、日本人は、外国の影響をひどく警戒していたからである。たしかに、フルベッキは、使節団を一八七三年に海外に送り出す手はずを整え、昔の宗教的迫害以来すべての人目につく場所に設けられていたキリスト教を禁ずる公の高札を取り除くのに役立った。この高札の撤去は、伝道事業の進展に一時代を画し、この時から、伝道者たちはそれまで味わったことのない自由を得た。フルベッキは、静かに、高名の日本人たちと共に、東京帝国大学の設立に率先して働き、その学校の最初の教師の一人となった。彼は、教師としての有益な功労のため、天皇から勲章を授けられた。

フルベッキは人を楽しませるのが上手だった。彼は多少の音楽的才能と鋭いユーモアの持ち主であった。グリフィスの書いた伝記である『フルベッキの日本』にも当時のエピソードがかかれている。

フルベッキは伝道旅行中、面白い経験をしたことを家を訪れた多くの友人に語るのを聞いた。ある非常に暑く、ほこりっぽい日のことであった。フルベッキは、旅のため疲れ切っていた。ほこりのため片目が痛くなっていた。フルベッキは、約束した町に着くとすぐ、同行した日本人の伝道者に、話をする前に休息する必要があると語った。フルベッキは、パジャマを着ると、床の上の布団に横になり、ぐっすり眠ってしまった。小さな孤立した村には、公会堂がなかったので、夕べの集会は、フルベッキが泊っていた宿屋で行われることになっていた。フルベッキはやがて、自分の部屋の中のごたごたを耳にして目を覚ましてみると、驚いたことに、自分の部屋と隣の部屋の間の仕切りになっていたふすまが取り払われ、床全体が一つの広い集会場になっていた。その上、かなりの数の聴衆がすでに座っていて、他の者たちもどんどんやって来ていた。要するに、講演を始めねばならない「潮時」が差し迫っていたのである。日本人の助手たちは、博士の体を大変気遣って、できるだけ長く眠らせるつもりであった。しかし、いよいよ何時間も人々にじっと耳を傾けさせる力のある高名な外国人は立ち上って話を始めねばならなかった。博士は気さくに痛い方の目に包帯をあてがいながら、軽いフラノのパジャマを着て立ち上り、その術を十分心得ている通り、聴衆にじっと耳を傾けさせ始めた。

長老派伝道団のヘボン博士夫妻は、きわめて有能な先駆者であった。夫妻は、一八四〇年に、ニューヨーク市から中国に行った。数年後、彼らは、夫人の不健康のため、アメリカに戻らねばならなかった。夫妻は、帰国するとニューヨークに落着き、まもなく博士は、開業して成功し、多くの収入を上げたが、十一年後に、それから手を引いて日本に来た。ヘボン博士の中国語の知識は、日本で大変貴重であり、和英辞典の編纂を可能にしたが、これはとてつもない業績であり、七年の労苦を象徴している。それは今でも日本で、二つの言語を学ぶあらゆる学生によって使われている。夫妻は、わたしたちが会った時、一八五九年に日本に着いて以来、ほとんど、四分の一世紀にわたる経験を積んだ練達の人々であった。博士の医術は、偏見を除き、苦痛を軽くするのに驚くほど効を奏した。

わたしたちが会った時は、博士は医療を施していなかった。日本人はこの分野できわめて有能になったので、外国の医師はほとんど求められていなかったのである。

ヘボン夫妻は、魅力的な人たちであり、二人の家庭は、精神性を高め、また人々を手厚くもてなすことの中心であった。二人のまわりには、多くの珍しく見事な物、美しい芸術品があったが、それは、二人の世話になって感謝した日本人の贈物であった。日本の慣習によれば、ありとあらゆる場合に、それ相応の価値の贈物がされる。多くの宣教師に対する「贅沢であるとする」意地の悪い批判や非難を起す立派な品物は、このように説明がつく場合が多いのである。例えば、ブラウン博士が『外国伝道の実態』で述べているところによれば、〔次の通りである。〕一人の友人が、横浜でヘボン夫人に大変高価な贈物である見事な七面鳥を贈った。同じ日に、「世界旅行者」が紹介状を持ってたまたま立ち寄った。夫人は、本国を遠く離れた客人を喜ばせようと思って、食事に招き、七面鳥を出した。たちまち、この報告は感謝した紳士によって本国に送られ、「世界中を旅行中に味わった一番高価な食事は外国宣教師の食卓で供された」という記事になって、いくつかの新聞に発表された。

ヘボン夫人は、「まきを割り水を汲む者」として自分のことをごく控え目に語った。実は、これらの先駆者となった女性たちは、たいてい粗末な住いで、すばらしいキリストのような奉仕を果すのである。ヘボン夫人はまた、女性や子供たちに対する教育事業にも掛け替えのない貢献をしたのである。何年も前に、夫人はこの世を去った。高潔な博士は、日本に心を引かれながら、ニュージャージー州で主の招きを待っていたが、九十六歳の時、「天に召された」。

先駆者の人々の中のもう一人の友人は、バプテスト派の〔ジョナサン・〕ゴーブルであった。ゴーブルは、ペリー来航の時は水兵であって、その後、キリスト教宣教師として日本に来た。ゴーブルは病弱な夫人が楽に外出できるようにするため、人力車を考え出した。ゴーブルは聖書の一部をはじめて日本語に訳した。それは一八七一年に出版された「マタイによる福音書」であった。ちなみに、合衆国で最初の女子大学を、中国で最初のプロテスタントの学校を設立したS・R・ブラウン博士は、一八六七年に、新約聖書、もしくは、その一部を印刷する準備をしていたが、その年の火事で原稿が焼失した。

しかし、ガルストのもっとも親しい友人は、白髪のネイサン・ブラウン博士であって、七十六歳でありながら一心不乱に毎日働いていた。ブラウンは、奴隷廃止論者ジョン・ブラウンの遠い親類で、もちろん、心から奴隷制を憎み、愛想がよく快活な心からのアメリカ人であった。ブラウン博士は、一八三二年に宣教師としてビルマに行った。そこへ出発する直前にブラウンは、「わたしは、光栄の冠の次に、地上での宣教師の生活を選ぶ」と書いた。ブラウンは、その後、先駆者として〔インドの〕アッサムに行った。ブラウンはこれらの言語で教えていたが、主な仕事は翻訳であった。ブラウンの娘は、六歳の時にアッサムで亡くなった。現地人たちは、ひつぎと共に金が埋められたものと思って、それを掘り出し、こじあけて、小さななきがらをジャッカルの餌食にした。小さな息子が亡くなった時、夫妻は、なきがらを庭に埋め、埋葬の跡をすっかり消しておいた。

ブラウン博士とガルストは、美しい冬の日、よく散歩を楽しんだ。ミシシッピー湾（訳注・今の根岸あたりをさす）のまわりを元気よく散歩し、壮大な雪を戴く富士山を眺めると一日が長く思われた。ブラウンの言葉によれば、ガルストは、いつも運動が好きで、気の合った仲間と一緒の時は、特に浮き浮きした気分になった。宣教師の生活が与える最高の楽しみと恩恵は、〔宣教師たちの〕すばらしい交わりである。ブラウン博士は、一八八六年に亡くなった。博士の最後の言葉は、「神が日本人を祝福されんことを」であった。この言葉は、横浜にある博士の墓に刻まれている。

わたしにとっては、ルーミズ夫妻の家庭ほど助けになったところはない。ルーミズ氏は、アメリカ聖書伝道文書協会の代理人として、長年の間すばらしい奉仕をしてきたし、また今もそれを続けているが、その奉仕は、中国およびロシアとの戦争の間特に貴重であった。夫人は、六人の子供たちの有能な母親であったが、その冬は、重い気管支の病気のためすっかり家に閉じ込もっていたので、わたしはよく夫人と一緒にいた。夫妻には、クララという娘がいて、横浜の学校で学んでいた。

ピアソン夫人とミス・クロズビーは、一八七一年に日本に来て、ユーラシアンの子供たちのための仕事の先駆者であった。ユーラシアンという言葉は、欧亜混血のという意味である。この子供たちは、普通、母親が日本人で、父親は外国人である。極東では、外国人の罪深い生活のため、多くの悲しみと惨めなことが生じており、わたしたちは、胸が痛くなるほどそうした有様を見た。わたしたちは、ミス・クロズビーの学校でもてなしを受け、そこですばらしい働きが行われているところを目にした。その学校では、六十六人の女子が学んでいたが、その大部分は寄宿生であった。その一部は日本人であった。わたしは、この少女たちが歌を歌い、オルガンを弾き、魅力に溢れた控え目で上品な態度でふるまっているのを見た時の喜びを決して忘れない。初老のピアソン夫人は、すばらしい働き手で、伝道上できることは何でもやりに出かけ、多数の婦人伝道者たちを指導していた。この家は、日曜の夕方には、キリスト教徒の外国人たちの本拠となった。軍人、水兵、宣教師、実業家、地域に住む人々が、広々とした応接間に集まって、一時間の間、楽しく礼拝した。

ここで、他の多くの友人たちにも触れなければならないが、あとで述べることにしよう。彼らは皆、見知らぬ国に初めて来て、絶えず訳のわからぬ言葉を耳にしているのであり、わたしたちにとっては、大変重要な人々であった。確かに、すべてのキリスト教徒は、昔道を開いたこれらの先駆者たちに途方もなく大きな恩恵を負っているのである。すなわち、彼らは、聖書を翻訳し、辞書その他の言語上の助けを準備し、偏見を除き、彼らの働きによるだけでなく、とりわけ敬虔な生活により、何千人も主の足もとに導いた功績を可能にしてくれたのである。

最初のキリストの教会〔日本基督公会〕は、一八七二年に創立された。十一人の会員から成るこの教会は、祈りのうちに生まれた。創立に先立つ何週間もの間、外国人たちは祈祷会を開いていた。「使徒言行録」が日本人のために読まれ、説き明かされた。「やがて、数名の日本人も祈りに加わった。一、二週間後、日本人も、彼らの歴史上初めて、キリスト教の祈祷会でひざまずいて祈った。深く感動して涙で顔をぬらしながら、初代教会と使徒たちをとりまく人々に対して聖霊を与えられたのと同様に、日本にも聖霊を与え給うよう神に切に祈った。イギリスとアメリカの軍艦の艦長たちは、『この日本人たちの祈りには深く心を動かされる』と述べるに至った」。

この教会は、次のような信条を採択した。「われわれの教会は、いかなる宗派にも属しない。教会は、キリストの名のみを信じ、その名において、すべての者は一つである。教会は、聖書を指針として選び、勤勉にそれを学ぶ者はすべてキリストの僕であり、われわれの兄弟であると信ずる。

この理由により、地上のすべての信徒は、兄弟愛のきずなに結ばれてキリストの家族に属する」〔日本基督公会条例第二条例（公会基礎）〕。

一八七三年に、すべての人目につく場所に掲げられていたキリスト教を禁ずる政府の高札は、取り除かれた。同じ年に、グレゴリオ暦（現行の太陽暦）が採用された。今や、〔キリスト教に対する〕世論は徐々に変った。日本のキリスト教徒やこの道の友人たちの家では、集会が開かれた。一八七六年に日曜が法定の休日となり、これは、宗教的意義のない新制度であったが、結果においてその効果はもちろん、キリスト教の事業にとってはきわめて有益であった。一八八〇年に、新約聖書の翻訳が完成した。

第二回の宣教師総会は、一八八三年の春、わたしたちが到着する六ヶ月前に、大阪で開かれた。

横浜の半年

禁酒ホテルでは、四週間にわたる忙しい勉強がたちまち終わった。幸いなことに、メソジスト伝道団で、良い家が空いた。この家をわたしたちは借りたが、それは「崖」、つまり横浜の住宅地区の心地よい位置にあり、スミス・ガルスト共同家族にとって十分な広さがあったので、「正にあつらえ向きだ」と喜んで、一同の考えがまとまった。家賃は毎月五十ドルであった。一緒に暮せば、費用が安くて済むことになった。その家には、部屋が八つあった。外には、広いベランダがあり、家全体の周囲には生垣をめぐらした気持のよい芝生があった。召使たちの部屋を持つのが習わしであることが分ったが、その部屋は三メートルかそれ以上家から離れており、それは大変理にかなった考えであった。というのは、日本の食物の匂いは、大抵気持ちのよいものではなく、男も女も煙草を吸うからである。玄関のそばの小さな部屋は、夜警の詰所であったが、泥棒が出没し、どの家でも火事を恐れていたので、夜警の詰所は、必要な付属物であった。夜警は、二本の棒を力一杯打ち合わせながら、夜間三十分ごとに、わたしたち自身の家と近所の地所を巡回した。

スミス夫人とわたしは、何とか日本語を話したいと思っていたので、隠退するメソジストの宣教師家族の料理人を確保したときは、幸運だと思った。その男には、一つだけ難点があった。というのは、その男は独身であって、わたしたちは、世帯持ちを望んだのである。数日後、料理人は結婚するつもりだと話して、まもなく小柄で、ばら色の顔をした若い女性を紹介したので、わたしたちは、何も知らずに彼女を花嫁だと信じた。しかし、一ヶ月くらいすると、このめかけ――それが実体だった――は「満足がいかない」として、実家に帰されたので、わたしたちは、この異教の料理人を雇わずに済ませることにした。二人には、月に一四・七五ドルの給料を払わねばならなかったのであり、それに彼らはわたしたちの食物と備品を「せしめていた」。

ある朝、わたしが朝食が遅いと不満を言うと、この料理人が英語でわたしをののしったので、恐ろしくてほとんど体が動かなくなった。不思議なことに、日本語には、「ののしりの言葉」がないのである。それは、神々がたくさん文字通り何百万もいるからであろうか。料理人は、横浜の通りで、兵隊や水兵や実業家たちから〔英語の〕ひどい言葉を耳にして覚えていたのである。

それから数年後に、わたしたちは、インドから来た宣教師たちに一つの話を聞いた。一人のインド人の父親が赤ん坊に名前を授けてもらうために礼拝堂に連れてきた。牧師が小さな子に何という名前をつけたいのかと尋ねると、何も知らないインド人は、「タム・ラスカル（いまいましい悪者め）です」と答えた。牧師は、本当にそれでよいのかと尋ねた。というのは、そんな名前を聞いたことがなかったからである。すると、何も知らないインド人は、「主人がわたしのことをそう呼んでいるのです」と答えた。東洋では、あるいくつかの英語の音は、発音しにくい。日本語では、1という音はなくて、rで代用される。前に述べた出来事が起こったインドの地方では、dという音は発音しにくいから、その男が言いたいと思ったことは明らかである。英軍士官の主人はいつも召使をそう呼んでいたので、その男は、それを愛称と考えるようになっていて、その名を赤ん坊につけたいと思った次第である。不幸にも、このような教えはただで東洋人に与えられることが多い。そして、酒の害、売春その他の同様な罪が西欧世界から出て行く今、疑いもなく、われわれが心から懸念すべき時である。「本国だけで十分」という古くさい題目について絶えず話している人々は、この実態についてよく考えねばならない。果して、サタンもそのような文句を使うかどうか疑わしく思う。サタンにとっては、東洋人も西洋人と同様に申し分のない対象なのである。疑いもなく、「伝道の現場は世界」なのである。このような品性を汚す悪習が「地の果てまで」広がる限り、真理と純潔を愛する者は誰も、急いで美徳を遠くの地に及ぼす責任を負っている。疑いもなく、これは、外国伝道団にとって申し開きのできない問題である。わたしたちは、星条旗〔米国国旗〕に、わたしたちの文明が生み出す最良のものを象徴させたいと思う。

家具は値が張ることが分った。勉強時間の合間に、わたしたちは、掘出し物を手に入れるために、古物屋をあさり回った。確かに、こうした店は何と分りにくい代物であったことだろう。汚いぼろぼろの家具、美しい絵、優美な布張り地、手で描いた陶器、乱雑にあらゆるものが並んでいた。わたしたちは、店に入ったり出たりしながら、品物を選んだ。

わたしたちは、ベネット博士と一緒に数日間東京見物をした。わたしたちは、浅草にある大きな寺を訪れたが、その寺は慈悲の女神「観音」の崇拝に捧げられたものである。わたしはこの頃、この寺や他の日本の偶像について、セント・ルイスで発行されていた「クリスチャン・エバンジェリスト」に書いた〔口絵写真iii〕。

わたしたちは、バプテスト伝道団のフィシャー夫妻と一緒に、東京の団子坂公園にある、大菊花展示会を訪れた。仮小屋が建てられていて、その中では、菊でできた衣装を着た人形が、神話や歴史上の有名な出来事を表わす姿勢をとっていた。しおれた花は、毎日新しい花と取り替えられていた。小さな花から大きくはなやかな花まで、ありとあらゆる色と種類の花が飾られていた。

もう一つの忘れられない出来事は、日本海軍士官、瓜生〔外吉〕大佐邸への楽しい訪問であった。瓜生大佐は今では海軍中将になっており、日露戦争中の功績のために大いに尊敬されている。瓜生大佐は、〔メリーランド州〕アナポリスにある海軍兵学校の卒業生でまたクリスチャンでもあり、陸軍士官学校を卒業したガルストと大変話が合った。瓜生夫人は、ヴァサー大学の卒業生で、教養があり上品で礼儀正しいもてなしの典型であった。初老の叔母は、込み入った茶の湯の作法を非常に骨折って示してくれたが、それは、普段客にお茶をつぐのとは全く違っていた。日本人ほどお茶を飲む国民が今まであったろうか。チェンバレン〔バジル・ホール〕は、昔の茶の湯について語っているが、その頃禅宗の僧たちは、夜の祈祷の間目を覚まさせるために、その習わしを利用した。中世において、ある禅師が、明らかに、一人の貴族の放蕩者が酒で身を滅ぼさぬように、大変込み入った儀式を始めた。この禅師は、『茶の湯の有益な影響』という小冊子を書いて、この飲物をいれて飲む作法を作った。太鼓を鳴らしながら先祖を拝むことが特色であったらしいが、何時この宗教的段階が茶の湯の「贅沢な」時期に取って代わられたかは定かでない。後の時期には、男たちは、虎やヒョウの皮を敷いた寝椅子にもたれ、客が集まっている広間の壁には、仏画だけでなく、ダマスク織や錦、金銀の器、見事なさやに納めた刀なども掛けられていた。高価な香がたかれ、砂糖菓子やぶどう酒と一緒に珍しい魚や鳥が出されたが、その宴会のねらいは、それぞれ一杯のお茶の葉はどこで作られたのか当てることだった。というのは、判じ物として使われるために、できるだけ多くの銘柄が持ち込まれたからである。踊り子に与えられる手の込んだ贈物や、つまらない方法で浪費される大金については、さらに多くのことが語られている。日本のナポレオンと呼ばれることもある秀吉が、恐らく史上もっとも盛大と思われる茶会を催したことを思い出すがよい。その会は十日も続いた。帝国中のすべての茶の愛好者がこの盛大な会に呼ばれ、彼らが持っている、茶の湯についての興味ある骨董品は何でも持参しなければならなかった。また、その要件に添わない者は誰でも、茶を飲む権利を永久に失わねばならぬという規則も定められた。この茶会は、「無敵艦隊が戦争の装備を整えていた一五八七年秋に」、日本で行われていたのである。

わたしたちは瓜生大佐邸で、この儀式ばった茶会では、細部にいたるまで、この上ない正確さが必要とされることを知った。部屋の広さは、二・七四メートル四方で、九十センチの高さの戸口から入らねばならない。花の生け方から使われる茶かんの様式にいたるまで、一切が規則により厳密に定められている。茶を受け飲む作法、飾りつけについて述べる言葉、茶を出す作法、会の一切の細かい点までも例外ではない。使われる器は年代が古いほど珍重されるので、瓜生夫妻は、代々伝えられ、何度となく割れては修理されてきたある茶碗を特に自慢にしていた。この茶碗に粉茶が入れられ、湯が冷やされ竹のひしゃくから茶に注がれ、それから茶は、小さな竹の束で泡立たせられた。この作法を行う資格を得るには、ごく入念な修練が必要とされる。しかしながら、形式ばらない茶のもてなしはどこでも目につく。買物をしたり、訪問したりする際は必ずお茶を飲まなければならない。

わたしたちはまた、上野の博物館、美しい芝公園、その他の名所を訪れた。わたしたちはいつも、何にでも見受けられる、小さなものに心を打たれた。日本人の暮しぶりをまじめに受け取るのは難しいように思われた。日本人は何よりも遊び半分に世帯をもっているように思われた。彼らは、紙で出来た壁のある華奢で美しいこじんまりした家に暮していて、入口は、高さが一メートル七十センチぐらいしかなく、たいていの西洋の男性は、頭を下げなければ通れない。家庭用品もみな小さい。日本人は、帯を結んだり、花を生けたり、茶を入れたり、あるいは正しく部屋から出る方法を学ぶのに何年もかけたりして、礼儀作法の細かい点に卑屈なほどこだわるので、戦争の遂行にはあまり向いていないのではないかと時々考えてきた。というのは戦争の根本はそういうこととはほど遠いからである。よく知られていることであるが、ロシアとの戦いの遂行の細々とした点はすべて、西欧世界の賞賛をかち得たすぐれた細密さで練り上げられたのである。

日曜は、午前中には合同英語礼拝があり、午後にはバプテストと一緒の日本語の集会があり、忙しいうちにも楽しかった。わたしたちは、注意深く日本人の説教者に耳を傾け多くの語句を書き留め、それを次の日、日本語の教師がまとめるのを手伝ってくれた。このようにして、わたしたちは語彙をふやした。スミスとガルストはまた、日曜の午後、英国人で敬虔なキリスト教徒であるバンティングの監督の下に、聖書研究会の指導を手伝った。この大部分は日本語を使わずに行われた。港町ではどこでも、このような仕事が大いに必要である。とてもふしだらな生活を送っていたある英国人が、中国人の妻と一緒に、キリストの信仰に入りミシシッピー湾で受洗した。日曜の午後遅く、わたしたちはいつも家で一緒に主の晩餐を守った。そして夕方は普通、前に述べたミス・クロズビー宅の礼拝で過した。時々わたしたちは、日本人と一緒の集会で大きな感激を味わったが、そこでわたしたちは、通訳に頼りはしたが、多くのことを学んだ。神に身を捧げた日本人の伝道者で、特に有名な日本基督教会の牧師奥野〔昌綱〕と、キリスト教的生活を実践した巨人、津田仙に接するのは祝福であった。スミス夫人とわたしは、東京の婦人大集会に出席した。四百人のキリスト信者の女性がうやうやしく祈りの場に集まり、静かに着席し、短い問題を垂れて祈る有様を見、信仰に輝く顔に目を注ぎ、真剣な感情のこもった表現をとぎれとぎれにも捕えた。聞き慣れぬ言葉のためまだ理解できなかったが、真剣さを調子と身振りによって雄弁に示す熱烈な祈りを聞いた。全員が最後の祝祷の言葉が終るまで敬虔に祈り、再び腰を下して解散する前に、短い時間黙祷するのを見た。以上はすべて、胸をわくわくさせる決して忘れられない体験であった。わたしたちは、このようにすばらしい機会をよりよく理解できる時が早く来ることを切に望んだ。

横浜に住む外国人——宣教師や地域に住む外国人——は、冬の間、読書や音楽を楽しみながら、夕方を過した。春、わたしたちは、北に向かって発つ少し前に、横浜の近くの湾沿いの小村である富岡への古風なピクニックに加わった。あの楽しい日の思い出は、わたしの筆ではとても書き表せない。わたしたちは、思いきり歌い、古臭い冗談に笑いころげ、実においしい昼食をとり、いろいろな運動や遊びにふけったものである。ウェストポイント卒業生のガルストは、わたしに伴奏をさせながら、ウェストポイントの有名な歌を彼のやり方で歌った。

わたしたちは、まさしく宣教師団に属していることをはっきり示した。というのは、物事を楽しむ才能と鋭いユーモアは、有能な宣教師の主な資格であると考えられているからである。

しかし、一日の忙しい活動の間にも、つまり、言葉の学習、家事、訪問、この慣れない新しい経験の学校での注意深く祈りに満ちた観察、気晴らし、陽気な遊びなど、忙しく楽しい瞬間にいつも、「どこで伝道することになるのか」という問いが入り込んできた。明らかに、横浜は腰を据えた仕事をするのに最適な所ではなかった。というのは、そこには外国人がたくさんいるため、気を散らす用事ができて、成功を収めるのに必要な特別な言葉の勉強が妨げられたからである。そこはまた、人々を知るためにはあまり良い学校でもなかった。

4　遙かな地、秋田へ

古い日本の中に

わたしたちはやがて、三千六百万の日本人の間で働いている百四十五人の宣教師が、少数の「開かれた」港と「外国人居留地」にぎっしり詰め込まれていることを知った。ペリーによる日本の開国後、外国人が自由に入れる八つの都市と都市の部分はそのように呼ばれていたのである。このような「居留地」内では、外国人が自由に借りたり、売買したり、行動することができた。他の所では、外国人は、政府の旅券を受けて住み、商取引はすべて、日本人の「仲介者」を通して行わなければならなかった。旅券は、科学研究と衛生を理由に手に入れることができた。政府は、英語教育の面の一定の仕事を求めていた。アメリカ公使、ジョン・A・ピンガム将軍は喜んでわたしたちの旅券取得を推薦してくれた。バプテスト伝道団のポートはわたしたちに、人口三万六千の都市である秋田（当時は久保田と呼ばれた）に住むように勧めた。秋田市は、六十万人が住んでいる行政区であり、そこにはプロテスタントのキリスト宣教師が一人も存在していなかったからである。わたしたちは、この勧めを神の御旨によるものと考えた。

「奥地」の誰も試みたことのない孤立した生活に向かうことは、ほんの少々勇ましいように思われた。日本をわが家のようにしてくれた外国人の友人たちから離れるのは本当につらかった。しかしとうとう自分たちと同じ言葉を話す友人たちから、快適に建てられた家々から、奇妙に合う西欧文明の一区画から、まったく異なる、仏教的様式の古い衣に向ったのである。すなわち、「新しい」日本の小さなすみから、わたしたちは、北へ、本当の古い日本へ、一八八四年には世界にほとんど知られていなかったところへ向かった。わたしたちが再び横浜を見たのは、それからほぼ五年後であった。

宣教師たちは「奥地」を多少旅したことはあったが、特に寒々として雪に閉ざされ風の吹きすさぶ北西海岸に住居を定め、日本家屋に暮す計画は、はっきりとした反対に会った。わたしたちの新しくできた友人たちの多くは、大変親切であったが、わたしたちの決定に異議を唱え、その企てはきわめて危険だと断言した。男性たちは行って試してみてもよいが、妻を連れて行かないように言われた。女性たちは足手まといだという理由であった。わたしたちは、ともかく夏の間はほとんど危険はなく、もしその実験がうまくゆきそうになかったら文明世界に戻れると思った。不幸なことに医師は結局、ある治療が施されるまで、スミス夫人が一緒に行く許可を与えず、幼いエルシーは母親と共に後に残った。ルーミズ夫妻によって、美しい家が開放され、このような優しい配慮の中に母子を残すことは、別れのつらさを多少和らげた。

当時の帝国には、鉄道が五八キロしかなかった。すなわち、横浜―東京間の二九キロと神戸―京都間の二九キロだけであった。わたしたちは、海路、東海岸を北上し、海峡を通って西海岸を南下し、秋田の土崎港まで行かなければならなかった。三菱汽船の友人が、「ガン」と名づけられた蒸気艇でわたしたちを「住の江丸」まで連れて行ってくれた。

船は、一八八四年五月二七日の美しい夕方日没頃に出航した。「住の江丸」は日本人が管理している立派な汽船であった。船長はデンマーク人であった。正規の切符には日本食が含まれていたが、洋食には更に一日に二ドル払わなければならなかった。三枚の切符と三日の旅を考えて、わたしたちとスミスは、日本食を食べてみることに同意した。

フラーム船長は、宣教師が住むために「奥地」に入るという珍しい出来事に強い興味を抱き、大変礼儀正しく接してくれた。最後の朝、わたしたちは、土崎湾に停泊している時、すてきな朝食に招かれた。朝食後まもなく、わたしたちは、ボートが通い船で横付けになるのを見て喜んだ。彼は先回りして、「わたしたちに」ふさわしい家を見つけるのに力を尽してくれたのである。ボートは興奮していた。というのは、二世帯が暮せる家を、月六ドルでうまく借りられたからである。わたしたちは翌日までその家に入れず、「住の江丸」は、船荷の陸揚げのため港に停泊する予定なので、ポートは、〔わたしたちに〕船内に留まり、紙の壁で仕切られた日本の宿屋のひどい面倒を避けたほうがよいと勧めた。それは、外国の女性を一目見ようと物見高い群衆が集まるからである。それまでこの町を訪れた外国人は、たった一人、優れた旅行家であり作家でもあった故イザベラ・バード・ビショップ夫人で、結婚前の一八八〇年に数日間、秋田の古い名である久保田を訪れた。夫人は、著書『日本の未踏の道』の中でこの町のことを述べている。わたしは、数年後に、秋田の自分たちの家で、日本人の男女がキリスト教の習慣によって結婚式を挙げた時に、ポートの忠告を思い出した。隣人たちは、結婚式の模様を見に大勢押し寄せてきて、翌朝数えてみると、是非とも見たいという人々の指によって、ふすまに一五〇もの穴が開けられていた。どういうわけか、人々はのぞきたくて必死であった。

ポート、スミスおよびガルストはわたしたちの料理人夫妻を連れて、小舟に乗って「住の江丸」を離れ、土崎に上陸し、人力車で五キロ離れた秋田に向かった。厳しい北国の気候に進んで立ち向かう雇い人を見つけるのは、本当に難しかった。というのは、南の地方の日本人はそうした気候をひどく恐れていたからである。しかし、ミス・クロズビーは、大変親切にも、おフサさんとその夫の銀造さんを見つけてくれた。二人は、新しい企てにとって本当に大変重要な存在となった。翌朝、ガルストは、わたしを新しい家に連れて行くために、船に戻ってきた。

新しい家

もし他のことすべてをやめて「外国女性」を見るために走ってきた何百人もの人々がわたしのことを変わった人間と考えたとすると、わたしの方も、彼らを同じように考えた。

家のまばらな港村は無事に通り過ぎた。それからわたしたちは、所々に家が並んでいる長々と続く狭い道を通った。わたしたちは、雄物川の右手の遠くに海をちらっと見た。この川の河口には、大きな砂州ができて大きな障害になっていた。実際に十月から四月の間、汽船は港に入れなかった。わたしたちは左手に「招魂社」を見て通り過ぎたが、このいかめしい社には、戦死者の魂が祭られているのである。それから、両側に水田が広がっていた。わたしたちはやがて「穢多《えた》」地区に入った。

「穢多」は、日本では最も差別を受けた最下層の人々であった。彼らの起源ははっきりしない。ひょっとすると朝鮮人捕虜の子孫かもしれない〔といわれていた〕。とにかく、彼らはさげすまれ仕事を奪われている人々で、七世紀に中国から仏教が導入されて以来、禁じられていた動物の屠殺や犯罪者の墓掘り（埋葬）をなりわいとして暮らしていた。これらの人々は嫌悪と蔑みの目で見られ、人間としての権利を与えられなかった。一八七一年に封建制度が廃止されると、彼らと他の身分の低い人々との間の〔制度的な〕差別は拭い去られたはずであった。しかしながら、彼らに対する蔑みの臭気〔差別意識〕が、いまだに比喩的にも実際上も（動物の皮を商っていたからだが）、染み付き残っていた。わたしたちは、秋田のこの郊外を通ったとき、ひどく悲しい気持ちになったのである。そのような差別された人々が存在していたという事実こそ、キリスト教が必要な証であった。

＊訳者補注＝ここで著者のローラ・ガルストが用いている「穢多」という言葉は江戸時代に被差別部落に対して使われていた差別語である。また「朝鮮人捕虜の子孫」という理解も間違ったものである。著者がどこで差別語を知り、また誤った理解をもったかは確認できないが、当時の差別表現をそのまま使ったのであろう。ここでは読者に差別表現であり、間違った理解にもとづいていることをお断りした上で、改変せず使うことにした。その当時の表現であることを十分な配慮をもって読んでいただくことをお願いしたい。

東京で社会運動に積極的に関ったガルストが、秋田において被差別部落の解放にどのように関与したのか、本書にもまた他のガルストの資料にも明らかではない。ただ東北地方では明治初期、牧師・宣教師たちが被差別部落に入り、解放に向けて活動した資料が残されている。

そして今や、わたしたちはめざしていた町〔秋田〕にやってきたが、それは全く魅力に満ち溢れた町で、県の主都であり、堂々たる警察署、師範学校および日本人によって設立され維持されている病院があった。独特の縞模様の絹や、帝国中に高く評価されている菓子のような一定の重要な製造業がいとなまれている。普通の日本の都市に見られるよりもはるかにはっきり、産業の繁栄と人々の機敏さが目に映った。この町は、封建時代には城下町であった。言うまでもなく、この町には外国人が住んだことはなかったが、学校や病院には、西欧科学がみなぎっていた。ミス・〔イザベラ〕バード〔・ビショップ〕が、宗教は教えているかと教師に尋ねると、あからさまに軽蔑して、「ここでは、宗教など教えていません。学問のある者は誰でも、宗教が偽りであることを知っていますから」という答が返ってきたという。わたしたちは、このような空気の所に入ってきたのである。

わたしたちは家が気に入った。それは、衛生の行き届かない市街を見下す高台の上にあり、城の敷地のすぐ近くにあった。その敷地は、すっかり荒れ果て、その建物は見る影もなく荒廃していたが、自然の美しさを保っていた。この家には昔、大名の家来が住んでいた。わたしたちは、どっしりした木の門を通って中庭に入ったが、その門は夜はいつも閉ざされ、かんぬきがさされていた。その家は、六十年の古さで、低く、ペンキが塗られていず、外部は汚かった。屋根には、屋根板の代わりに、木の皮が敷かれ、それを押えるために玉石が惜しみなく載せられていた。わたしたちは、家に入った後、玄関、つまり「応接用の広間」の土間の上に立った。この土間を二段上がると、広々とした廊下の磨き上げた板張りの床があり、その左手に、日本流の台所があり、右手には、フサと銀造のための広い部屋があった。それぞれの家族のために、小さな寝室と書斎があり、すべての部屋の奥には、日本の風習に従って、幅の広い縁側に開かれた広くて便利な居間と心地よい食堂があった。縁側からは、下に広がる水田が眺められ、はるか彼方には、美しい太平山、つまり偉大な平和の山がそびえていた。本当にわたしたちは、さまざまな恵みを数え上げながら、天の祝福を感じ、日本に着いた日を思い返しながら、日記に「数多くの御恵み。快い経済的なホテル、この上なく心暖かい友人たち、優れた教師たち、大変安い本、探す面倒なく与えられた家、いつも恵まれた買物」と書き留めた。「疑いなく主はわたしたちのことを心にかけ給う」と思った時、わたしたちの胸は震えた。わたしたちはまた、横浜は単なる踏み石、つまり、学生時代の経験に過ぎず、今や来日の目的である本当の仕事にとりかかる時がやってきたのだと思った。

しかしながら、事はことのほか思い通りに進んだので、ポートはわたしたちに、小さな家をてきぱきと整理したのは本当にすばらしかったと言ってくれた。あの汚い古い家を掃除した話をして読者の心を悩ますのはやめよう。それは、わたしにとっては、ガルストにとっての航海と同じような容易ならぬ体験であった。わたしたちの家具は、船から荷馬に載せて運ばれた。土崎からのまさに砂だらけの道とこの上なく狭いタイヤのために、荷車は、重い荷物を運ぶにはほとんど役に立たなかった。毛深いたてがみと尾をはやした不恰好な馬が、粗末な綱で結びつけたかなり大きいわらじをはいて、陶器の入った樽を片側に、台所のレンジを他の側に背負いながら、ぎこちなく歩く様を想像できようか。重荷を用心深く地面に降ろす際には、哀れな動物の釣合いを保つには、かなりの腕前が必要であった。もう一頭の馬は、頭と尾だけが見えて、二組の箱型の寝台のばねは傾斜している側面をなして、文字のAに似たテントにそっくりだった。

人々は、容赦なく中庭に入り縁側に上った。彼らは好奇心に溢れていた。寝台が据えられ、椅子や机が部屋に置かれ、洗濯や調理の道具が整えられ、絵が掛けられ、山ほどの本が棚の上に整理された時、彼らの驚きは増した。家具などさっぱりない日本の家と何という対照であろう。日本の家の床を覆うマット〔たたみ〕は、長さが約一・八メートル、幅が約九〇センチで厚さが三センチである。これらのマットは、上手に織合わされたわらと木の皮で作られていて、濃紺の綿布で縁取られたござで覆われている。それは、じゅうたんの代りをしている。人々は、その上に座り、食卓の代りに盆がその上に置かれ、その上に敷かれたふとんが、日本の寝台になっている。それで、部屋に入る前に履き物を脱ぐ必要が生まれる。これらの貴重なマットに跡をつけるのを防ぐため、わたしたちの家具は残らず幅の広い薄い木の細片で守らなければならず、わたしたちは、室内ではできるだけ柔らかな足のおおいをはくことに同意した。ああそれにしてもそのマットには、何とノミがうようよしていたことだろう。マットは持ち上げて中庭にA状のテントのように立てられ、十分たたかれ、床には石炭酸の濃い溶液をふんだんにまき、マットを元へ戻す時には、マットの間や下に安いショウノウをたっぷりかけた。このようなやり方で、わたしたちはノミの害を少々減らしたが、そのような退治法は度々繰り返さねばならなかった。

幸いにも、ポートは、日曜まで滞在することができ、約八十名がポートの話を聞きにわたしたちの家に集まった。十二年もこの国にいたので、ポートは日本語を話す達人で、わたしたちの驚きと喜びをもたらす人、いやほとんど絶望をもたらす人であった。「果してあんなに上手に話せるようになるだろうか」というのがわたしたちの気持であった。

家事の奇妙な問題

このような早い時期に、わたしたちは、自分たちの家に、聴衆を集めるのが賢明であることを知った。仕切りになっているふすまを取り除くことによって、畳の上に二五〇名の人々を座らせることができた。集会が終わったら、ノミ探しが始まる。何はさておき、衣服を脱いで、「何千」ということはなかったが、優に一ダースか二ダースのたちの悪い小さな厄介物を殺すのだった。

しかしながら、更にもっと悪い害虫がいた。夏の暑さが募るにつれて、蚊がやってきたのだ。容赦のない群が蜜蜂の羽音のように、部屋の中ではっきり聞こえた。日本家屋を虫からさえぎる方法は考えられない。わたしたちは、横浜からボビネット・レースの蚊よけの天蓋を持ってきたが、それは一つが約七ドルもする贅沢品であった。普通の蚊帳は横浜には見当らなかったが、とにかくその小さな虫にはほとんど役に立たなかったろう。濃い緑で染められ赤いサラサの縁取りをした日本の蚊帳は、その染料特有のにおいのため問題外であった。

それからかび、それにガである。毛と絹の衣類はすべて、それに皮も、四月から十月まで、亜鉛で内張りした箱に注意深く密閉しなければならなかった。本と靴は度々ふいて日に干す必要があった。この季節にはオートミールやコーンフレイクなどは望ましくなかった。その季節には、ぞっとするような毛深い虫が暖く湿った空気の中で、驚くべき速さではびこった。生の果物や野菜は消毒した水で注意深く洗った後で、しかも十分用心して、はじめて安全に食べることができた。牛乳と飲料水はすべて消毒しなければならなかった。賢い家事の担い手ならば、家庭生活の普通でつらい日常の仕事に加えて、このような難儀がある時に、どんなに心から「手助け」を必要としたか、たやすく分るだろう。わたしたちの洗濯の仕事は、やり方を教わっていない使用人には全く分らなかった。「日本の」主婦は、かなりの数の汚れ物がたまるまで待ち、それから川や近くの井戸まで行き、気の合った他の主婦たちと楽しげにうわさ話をしながら、洗濯を手早く片づける。規則正しく洗濯日、アイロンかけ日、掃除日を決めるという考えはこのようなのんきな東洋人には縁がなかったので、彼らにそんなつらい仕事をやらせるのが難しかった。使用人を雇う前の試験は、彼女の手に衣類棒を渡し、湯わかしをレンジの上に載せて、少女がそこから衣類を「取り出せるかどうか」調べることだった。料理人夫妻は、洗濯の仕事などしたことがなかったし、パンを焼くこともできなかった。そのような神経にこたえる日々に、わたしはよく、優しく上品なヘボン夫人が、「まきを割ったり水を汲んだ」話をしたことを思い出した。もしわたしが楽に話すことができさえすれば、事情はそれほど悪くなかったことだろうが、小さい辞書と文法書を手にして苦心を続けた。しかし、多くの家庭に幸せを与えたおノイさんとおテッさん以上にわたしの努力に対する報いを受けなかったとしても、わたしは、自分が払った努力に対して十分に報いを受けたと思う。ただ自分がいつも我慢強くあればよかったのだが。

横浜でわたしたちを教えてくれた老紳士〔与作〕の子息である工藤青年がわたしたちの語学教師兼助手となった。ポートと一緒に過した忘れ難い日曜の数週間後、ガルストは工藤青年と四八キロばかり海岸を下った美しい村、本荘に行った。この村はわたしたちの出張所の一つとなる予定だった。スミスが、わたしたちの家での礼拝を受けもち、日本語で苦心して暗記した説教をした。大勢の群衆が来ていた。ああ、その日わたしの心はどんなに苦しんだことか。子供たちは、わたしたちの言葉の誤りを笑ってひやかしたり、その場にある一切の物を生意気な好奇心を抱いていじくりながら、ひどい振舞いをした。それに皆が、調子など一向お構いなしに、それぞれ勝手に歌いたがった。オルガンを弾きながら、慣れない言葉で歌うのはとても難しく、この点で助けてくれる人は誰もいなかった。

ノミ、蚊、落ち着きのない物見高い人々の群、言葉の試練、伝えようとする真理に対するあざけり——こうした言葉は泣き言のように聞えるだろうか。わたしは、泣き言など言うつもりはないが、宣教師はきわめて人間的であり、正にその人間性はしばしば、新しい環境によって目立ってくるのである。二ヶ月後、わたしたちは、スミス夫人とエルシーを迎えて大変幸せだった。七月三〇日付で伝道団に報告がなされた。

女性たちの集会を満足のいくように進めることは難しかった。女性の助手がまだいなかったからである。おフサさんはできるだけのことはしたが、立派な働きをするだけの十分な教育をうけていなかった。女性が使う言葉は、男性が使うものと全く違う。教養の高い男性が会衆の中の女性のために程度を落すこともよくあるが、多くの場合、そうする謙虚さを備えていず、女性たちは、「一言も分らなかった」と言う。前に述べたような家事で忙しい日々には、わたしたちは勉強をする暇はほとんどなかった。ガルストは、家に来た女性たちの純朴な心に、すばらしい新たな真理を伝えようとして、誠実そのものであった。ガルストは、彼らのために開かれた集会で絶えず手を貸した。

アイランドパークでの叙任記念日である八月五日に、ガルストは土崎に行ってその日を聖書を売るのに費した。分冊は、一冊当り数分の一セントから数セントの価だったから、二ドルの収入は、疑いもなく上出来だった。聖書は、ただで配るよりわずかな価ででも売った方がより真価が認められた。

新しい友と祝福

九月初頭、一番近くの地域に住む外国人であるアメリカ宣教委員評議会〔アメリカン・ボード。アメリカ初の超教派的宣教団体。日本には、一八六九年にD・C・グリーンが派遣された〕のギューリック夫妻が訪れて、大変嬉しかった。夫妻は、秋田の二八二キロ南にある新潟に住んでいた。夫妻は、日本に十三年間住んでいたが、この国での豊かな経験と言葉の才能のために、わたしたちは彼らをとても尊敬した。本当に人間わざとも思えなかった。この町の最大の公の集会場――それは小屋のような劇場であった――が借り上げられて、立派な集会が開かれた。その印象は良かった。数カ月後、わたしたちがひどく悲しみ孤独であった時、二人の友人は再び訪れようと申し出てくれたが、わたしたちの頼みに従って思いとどまった。というのは、冬期は、陸の旅が危険で、海路で秋田に着く方法がなかったからである。

最初の改宗者たちは主に家庭祈祷会から生れた。その集いは、近所の人々や友人たちによって広げられた。彼らは、オルガンと讃美歌を聞き、急いでやって来て、おずおずとふすまを開けて中に入る許しを求めた。ああそれは何と楽しい時であったことか。

一八八四年十一月に、わたしたちは、船坂イノが回心したことを大変喜んだ。彼女は秋田でキリスト教徒になった最初の女性である。おイノさんはそれ以来終始変らぬキリスト教徒である。（女性の名は、三つ以上の音節でない場合は、「お」を前につけ、後につける「さん」は敬称であり、親しい交わりでは省かれる。厳密に言えば、既婚女性にはほとんど個人としての主体性はないから、おイノさんは、「船坂さんのイノ」と呼ばれるのが当を得たことになろう。）回心するやいなや、おイノさんには、異教の慣習からの著しい変化がはっきり表われた。彼女の美しくむらのない歯は当時の日本の習慣に従って真っ黒であった。結婚後数週間経った花嫁は、歯を黒く染め、眉毛を抜かなければならなかった。恐らくその意図は、花嫁が男性の目を引かないようにするためであろう。歯を黒くするために混ぜ合わせるものは、酒と鉄のやすりくずと没食子（もっしょくし）である。それは、まもなくおイノさんの歯から取り除かれ、その結果、彼女の容姿は大分きれいになった。しかし、彼女は厳しい非難と叱責あるいは侮辱に会った。というのは、皇后は自らの歯を白くすることによって、良い模範を示したが、遅れた保守的な秋田では、歯の白い既婚女性は、恐らく身持ちが悪いだろうと考えられて、強い疑いをかけられた。このことは外国人の家庭で働いている場合は尚一層起るかもしれない。しかし、改革の先駆者は、多くの困難に立ち向わねばならない。その他多くのささいなそれとは分らない面で、おイノさんは新たな生活を示した。彼女はすぐさま勉強を始め、手がすいた時には、彼女のやさしい声が新約聖書の一節を苦心しながら拾い読みしているのがよく聞えた。

厳しい冬が迫った時、わたしたちは、集会に対する重大な懸念を抱いた。というのは、キリスト教徒たちが、人々が町中からそんなに遠くまで集会に参加するために来ることができないと言ったからである。町の中心地に引越すことが伝道のために必要なように思われた。秋田では、雪が五十センチから一・五メートルほど降りつもる。わたしたちは、町の中心に二階家を手に入れた。それは二家族が住むのに十分な設備と申し分のない集会室も備えていた。「二度の引越は一度の火事に等しい」という昔のことわざが、強く思い知らされた。というのは、古い家を去った朝は、寒くて火が危険なほど熱く起されていたからである。小さなストーブには、まともな煙突がなかったので、軽くて燃えやすい木の皮をふいた屋根を通る管しかついてなかった。屋根に火がついたが、幸い炎は家主により見つけられ、彼はてきぱきと行動したので、事無きを得た。

古い家には、ガラスが一枚もはまっていなかったが、わびしい北国の冬を真近に控えて、わたしたちは、新しい家の障子に惜しげもなくガラスをはめて、光と日差しに備えた。新しい場所は、借りた時は知らなかったが、隣りにうどん屋があってうるさかった。絶え間ないどしんどしんという音はあまり気持よくなかったが、スミスは楽天的で、そのうち慣れてその音が止んだら、物足りなくなるだろうと言った。見せ物や芝居の広告は、やかましく太鼓を鳴らして、時刻、場所、番組を知らせるちんどん屋によって行われる。この連中は、家のそばを度々通って大声を存分に聞かせてくれた。

しかし遂に、ここに腰を据え幸せであった。十二名ばかりのキリスト教徒に囲まれ、言葉と人々についての知識もどんどん深まり、わたしたちは、日本での二年目の生活に入った。〔しかし、そのとき〕真近に迫った深い悲しみを知る由もなかった。

祈りと貧困

祈祷会は深い感動を与えてくれた。テラカダお婆さんは、身を切るような寒さや嵐の中をやって来て、礼拝を欠かすことは一度もなかった。彼女の家庭状況はきびしかった。一人の息子を抱えた未亡人で、貧困やつらい仕事など様々な困難に囲まれ、キリスト教徒の小さな群を除いて、同情を寄せてくれる人はいなかった。しかしああ、彼女は何と熱心に祈ったことか。彼女は時々、頭で分かってはいませんが、心では分かっていますと言った。「心による理解」こそ強い祈りの母であり、彼女はほおに涙を流しながら、心のこもった祈りによって、わたしたちの心を深く動かした。彼女は、迫害にも道を踏みはずすことなく、長年の間信仰を守った。彼女は、日本人の家庭で子供たちの世話をし面倒を見ていた。彼女は純潔で、誠実で、優しい人柄のために特に信頼されていた。このような東洋人の回心者が知的な訓練がどんなに欠けていても、一般に活発に祈り、イエスの中に新たに見出した喜びを語るのは、不思議ではあるがしばしばよく知られている事実である。

わたしたちの周囲の人々の気品の低さに次いで、どこでも目につく悲惨な貧困の光景ほど胸の張り裂けそうな思いをさせるものはなかった。家族が、半月に四、五ドルで生存（生活とは呼べない）するのを見出すのは決してまれではなかった。ある貧しい家で、わたしたちは、妻が重い水腫症を患っている織工に出会った。彼女は、寝床の役をしている床の上の粗末な敷物の上に日夜座り、風呂に入らず、ほったらかしになっていた。というのは、設備だけでなく、彼女を楽にしてくれる知識をもった看護婦もいなかったからである。その家には、小さな子供たちや年老いた親類など十人が住んでおり、金をかせげる者は、その若い男一人だけだった。ある厳しい冬の月、彼は居間にある織機で、必死に働いたが、二ドルしかかせげず、十人は何とかしてその金で細々と生存を続けていた。正にわたしたちの胸は張り裂けそうであった。わたしたちに何ができたろう。どの患者の場合も、本当に役立つためには、五十ドルの出費が必要に思われた。そして、どんなにわずかな助けを与えても、心から感謝する有様を見るのは本当に痛ましかった。わたしは、病人を湯あみさせるために、人夫に十九リットル入りの銅製のやかん一杯の湯を数キロ運ばせたことがある。というのは、湯と石けんとタオルを持たずに行けば、病人は、生活を楽にするものがないのを知られることをためらい、湯の費用を負担したくないので、申し出を断るのが分っていたからである。庶民は、公衆浴場で入浴するが、そこでは、薄っぺらなカーテンが婦人の方と男子の方を分けているだけである。入浴する人は、先ず小さなおけで体を洗い、それから熱い湯が入った大おけにつかり、多くの人が同じ風呂を利用する。

一リットル足らずのミルク（それは脱脂乳と呼んだほど水っぽかった）は十二セントもした。普通の日本人がこのようなごちそうを病人や、自然の栄養を取れない小さな赤ん坊に与えることは、不可能なことだった。それで、小さい子供たちは、消化のわるい食物を与えられた。暖かい天気に、子供たちが裸同然で通りを走り回る時には、ふくらんだ腹、しなびたあばら骨、やせた手足が目につく。それらはいろいろな種類の栄養失調と哀れなほどはやっている胃腸病を示している。たとえこれらの病気を直すのに十分な資力があったとしても、やたらに分け与えるのは賢明ではなかったであろう。というのは、人々が「パンや魚」を求めて「新しい道」、「イエスの教」にやって来る危険があまりにも多かったからである。

わたしが開いた女性のための集会で、わたしは母親が続けて三人の子供に乳を飲ませる姿を見た。一番幼い子は一歳位、次の子は三歳位、一番年上の子は五歳を越えていた。言うまでもなく、哀れな母親は、幽霊のようだった。ガルストは、本国に便りを書く時、このようなみじめな実情について意見を述べて、「疑いもなく、われわれが当地にいる一つの理由は、彼らが自分たちの魂だけでなく、肉体についても知識が乏しいらしいということである」と言った。

翌年の夏、わたしたちは、牛を飼い始め、良いミルクを欠くことは決してなくなったが草がひどく悪かったので、牛にどういう餌を与えるかが問題であった。幸いにも、豆は大変安かった。幼児の栄養についての本の中にある提案に従って、わたしたちは大量の豆を煮て、それにわらとふすまを混ぜ、牛のために上等な飼料を作った。そのために、ミルクの量と質が大いに改善されて多くの子供や病人が、わたしたちの家から毎日送り出される滋養物に与った。

毛織物は、普通の日本人には高すぎるので、その代りに、冬の衣服の入れ綿として、原綿が使われる。極貧の者の場合は、同じ衣服を昼も夜も身につけなければならず、想像通り、そのにおいは良くない。これらの綿を入れた衣服は、切り裂いて一部ずつ洗わねばならないので、度々洗うのは無理である。普通の人々と貧しい階級の間では、男女とも、綿を入れた着物の上にゆったりしたズボンをはいた。そのズボンはひざからぴったり合っていた。このような服装をした歩行者の後姿は、後足で歩き回る熊を思わせた。下駄と呼ばれる高い木靴は、雪の積もったつるつる滑る道路では危ないので、粗末なわら靴が普通はかれた。

秋田の温度は、零下七度より下がることはないが、はなはだしい湿度のため、アメリカの同じ温度の場合よりずっと寒く思われた。その時、日本の家の唯一の暖房は、火鉢に入れた小量の炭である。人は、足を組んで座りながらその上で手を暖めるのである。しばしば四角の木の枠が火鉢や台所の床にある暖炉の上に置かれ、その上に掛けぶとんが載せられる。これがこたつである。一家は、この奇妙な炉のまわりに寄り集まり、ひざの上にふとんを引き寄せ、足を火で暖めるのである。ひどく寒い天候では、寝ている間、火の回りにふとんを広げ、足をこたつの中に入れたままにしておくこともある。

日当りの良い日はいつも、群をなした女性たちが髪の毛を指ですいている姿を見ることができた。晴れた穏やかな天気の日には、多くの赤ん坊が海草を敷いた小さなおけの中に座り、母親たちが家のあたりや小さな庭で働いているのが目に映った。天気が寒かったり、赤ん坊が特にむずかった場合には、母親は、赤ん坊を背負いながら働いた。

新年の祝い

わたしたちは日本で初めての新年を横浜で迎えたが、その合図のように大地震が起った。秋田では、祝祭の時期は格別な行事もなく過ぎた。しかしながら日本では、新年は一番大切な祭日である。人々は誕生日をほとんど顧みないのに、もっとも貧しい農民から天皇に至るまで、誰もが「年取り」、つまり元日を祝うので、元日は一種の国の祝祭日になっている。しかし、この祝祭の本当の意味はむしろ太陽礼拝、つまり春の戻りに対する喜びである。きわめて念入りな用意が行われるので、十二月の半ばからは、どんな種類の仕事でも、契約を結ぶことはほとんど不可能である。それほど、皆が「お正月」(尊い新年)の備えをするのに忙しいのである。畳は、床から外して、中庭で（ごく貧しい家で中庭がない場合は、通りで）十分にたたかれねばならない。破れた障子は修理しなければならない。天井とふすまの上の漆喰を塗った壁の小さなへりからは、ほこりを注意深く払わねばならない。特別な食物が調理されるが、それぞれ独特の意味を持っている。例えばマメという言葉は、豆と健康を意味する。従って、豆料理が供されるが、それは、自分自身と友人たちのために健康を祈る独自の方法である。餅は、アメリカのクランベリソースをかけた七面鳥や英国のプラム・プディンクと同じような新年のお祝いの目玉である。多くの飾りにもそれぞれ意味がある。門口や家の中や通りには、ゆらめく竹、梅の花の若枝、松の枝、エビ、中国風オレンジが飾られている。竹は、冬に経験する嵐に耐え、その緊張が過ぎると、春のような喜びを取り戻す人々を示す。松は逆境の重荷に決してめげない人柄を表わす。エビは、年取って腰が曲るまで、命が続くようにという願いを暗示する。ダイダイと呼ばれる中国風オレンジは、ダイという言葉は代をも意味するから、家が「代々」続くようにという望みを、語呂合わせで伝える。日本人にとってもっとも恐ろしい考えは、家名が絶えることがあり、血統が消滅する時は、養子縁組と内縁関係がそれを永続させる。「ワシントンはどうして養子を取らなかったのか」と尋ねられたことが度々ある。

このような祭の時には、流し芸人が、サミセンと呼ばれるバンジョーのような楽器をつまびきながら、通りで歌う。男性たちは朝早くから夜ふけまでよその家を訪れる。彼らは盛装をしている。女性たちは、正月の二日か三日から訪問することになっている。国内の暖かい地方では、羽根つきが一般に行われる。皆が通りで遊び、負けると顔に墨を塗られる。夜になる頃には、顔を黒々と塗られた人で溢れる。子供たちはまりつきをする。凧が、竹笛の入った尾を通して楽しげにうなっているが、青空を舞う姿は実に見事である。これらのお祭騒ぎに加わる分別盛りの男女に目を注ぐことは特に興味をそそる。こうした時は、貧しい人々も、このような大事な時節には働こうとせず、咲き初めた梅の若枝や松の小枝を一番きれいな部屋の奥に生けて、平気な顔を装う。

わたしたちの交際の範囲はまだきわめて限られていたので、ある銀行員夫妻がその年の元日に訪れた時、わたしたちは喜んだ。彼らはそれまで、〔伝道活動という〕新しい動きがよく分る南の方に住んでいた。彼らは英語を上手に話し、本当の慰めを与えてくれた。

当時は、わたしたちを喜んで迎えてくれる家庭はほとんどなかった。外国人に対する偏見が強かったのである。「イエスの道」は、人々の心の中では、昔の偏見と政府の禁制を表わしていた。ある日、スミスは、病んでいる兄弟を入浴させるために出かけた。スミスは、誤って知らない玄関に入ってしまい、急いでわびて引き下がった。しかし、家人は、ごく一般に外国人を呼ぶのに使われる「毛深い野蛮人」が来たため汚されたと思って、すぐに、スミスが通った庭の砂利道に灰をまいた。これは、死体が運び去られた後に汚れを除くための儀式なのである。

わたしたちは、しなければならない非常に大きな仕事があると思ったので、力を増し加える必要があった。わたしたちは、二人の独身女性が助けに来ることを祈っていた。わたしたちは、マックリン博士が加わる予定の春を楽しみに待っていた。そして、望んでいた若い女性たちが来た場合には、家庭を分け、二つの影響力の中心を作り、日曜学校、女性の集会、その他の宗教上の事業を増す計画を立てていた。

死の陰の谷

わたしたちが働きつつ祈っていた時、全く心の用意をしていなかった一つの陰が忍び寄っていた。スミス夫人は、健康の回復こそはかばかしくなかったが、自分なりに家事に励んでおり、言葉の勉強も進んでいた。夫人は、編物学級で女性信徒をふやしたいと思い、美しい有用な働きによって、絶えず友人を作っていた。二月七日に彼女は、一日中異常な痛みに苦しみ、二度と再び床から起き服を着ることはなかった。六週間の間、彼女は痛みに耐えた。時々は少し本を読んだり縫物もした。病院長の吉田博士は、彼女を治療し、親切にしてくれ、望みも抱いていた。三月二三日は、特別に苦しい日であった。十一時頃、幼い娘の叫び声は母親らしい心を元気づけたが、ほとんどすぐに、スミス夫人は意識を失い、その夜十時半に安らかに主のみもとに召された。夫人は、夫と娘たちをわびしく残さねばならぬことを知る苦しみを免れた。わずか八歳のエルシーは、パジャマを着たまま、病室に連れて来られ、父親の両腕にしっかりと抱かれた。描くことができない未来に対する子供らしい信仰と美しい確信をもって、彼女は、「パパ、泣かないで。神様はママに天使になってもらいたいのよ」と言った。疑いもなく、スミス夫人は、安らかな死を迎え、天使のように見えた。二人のキリスト教徒の姉妹たち、おフサさんとおイノさんは、生前彼女に大変優しく接したのだが、なきがらを洗い、衣服を着せるのを手伝った。

夕闇が垂れこめ、二階の書斎では、孤独な男が祈りながら苦悶しており、幼い子供は、健康で恐れを知らず、再び眠りの腕に抱かれていた。確かに、二年半前に紙をたたんで、オーシャニック号の船上に投げてくれた励ましの言葉が必要だった。「いにしえの神は難を避ける場所／とこしえの御腕がそれを支える」〔申命記三三・二七〕。

多分、読者は、わたしたちが苦しい北国の開拓伝道を始めた時、友人たちが口にした災難の予言が現実となり、スミス夫人の命は、状況がもっと恵まれたものであったら、助かっただろうと考えるかもしれない。実を言うと、わたしたちは、このことでひどく悩んでいたが、後になって、オハイオのウォレンで夫人を診てくれたかかりつけの医師から、夫人はアメリカを発つ前に腎炎の初期の段階にあったが、日本に行ってもよそと同じ位生きられるに違いないと思ったので、夫妻が心に抱いていた計画に水をさすのをためらったことを聞いた。

わたしたちの大きな不幸を耳にするとすぐに、友人たちは大いに心配した。ポートは、「救済のためすぐに発つ」という電報を送ってくれた。ギューリック夫妻も来たいと願ったが、こちらでは立派にやっているから大丈夫と言うと、思い止まった。というのは、冬の旅行は危険だったからである。

当時の秋田では、死者を扱うアメリカの慣習が分かっている者は誰もいなかった。ガルストは、ひつぎの寸法をとり、それを作るのを取り仕切った。それは家に運ばれ、日本人の仕立屋が白い絹で内張りし、黒い布でおおった。

三月二五日、スミス夫人が、玄関に「正装安置」されている間に、多くの人々が、自分たちに福音を伝えるために、家と友人を離れ、遠くからやって来た「外国女性」を見るために来た。彼らは、眠りについている夫人を見下しながら、うやうやしく、そして日本人の死者に対するように、拝む姿勢で手を合わせた。わたしたちは、スペインのレースを飾りつけたクリーム色の修道女のベールを被せ、美しい桜の花で囲んだが、それは、大きく二重で薄い桃色の花で、アメリカの桜の花とは大変違っていた。

日本のその地方では、外国製品がまだ乏しかったので、町には、ねじが一本も見つからなかった。ガルストは、よく注意して釘をたたき、ひつぎのふたを釘付けした。工藤青年は日本語の挨拶をし、ガルストは英語で途切れがちに短い言葉を述べた。わたしの他には、先に立って歌う者は一人もおらず、わたしたちは、「イエス君にありて眠る」〔讃美歌四七七〕を歌ってはみたものの、哀れな失敗であった。この文を書く今、夫人を愛した人々のすすり泣きと中庭を囲む高い木の垣根に群がる無思慮な者たちのおしゃべりが聞える。キリスト教徒たちは、なきがらを墓まで運びたいと思ったが、交替で担ぐには数が足りず、道路も長くひどく悪かった。そこでひつぎは、濃紺の仕着せにさっぱりと身を包んだ十二人の人夫の肩に運ばれて行った。物見高く見つめる人々が、仏教の墓地への何キロも続く雪解けの道に群がった。スミス夫人の墓は、北日本の最初の宣教師の墓であった。彼女は、ディサイプルズ派で外国伝道の地で命を捧げた最初の人となった。彼女が「伝道便り」に宛てて書いた最後の手紙は、わたしたちの望みでは一八八五年の夏に出来る予定の二つの家庭を補強するため二人の若い女性を送ることを嘆願した。夫人の没後十六ヶ月の間は、九七キロ以内の所には他に外国女性は一人もいなかったが、その祈りは、ミス・ケイト・V・ジョンソンとミス・キャラ・J・ハリソンの到着によって、かなえられた。ジョンソンは、今でも奉仕の点ではわれわれの伝道団の先任者であり、ハリソンは長年の間日本に留まった後、ロサンジェルスの日本人の間で大いに奉仕し、今は、ハワイ諸島で日本人と共に働いている。

5　悲喜こもごも

マックリン博士来る

スミス夫人が埋葬された日に、マックリン博士が、長崎から電報で、無事に着いたから急いで秋田に来ると、伝えてきた。わたしたちは打ちひしがれていると答えねばならないのは、深い悲しみであった。博士は、横浜で何日も汽船を待った後で、秋田の反対側の港にうまく着き、荷馬車で陸路を急いでやって来た。彼は、四月十六日の真夜中にわたしたちの家に着いた。わたしたちは、門をどんどん叩く音で眠りから起こされた。わたしたちは、「博士が来た」と喜んで叫びながら素早く起き上がった。わたしたちは、急いで服を着て、やがて、何ヶ月ぶりに会う外国人であるこの男性としゃべりはじめていた。

それから三日後の日曜の真夜中に、まだ生後四週間にも満たない虚弱で小さなジョゼフィーン・

エステラ・スミスは、母のもとに連れ去られた。マックリン博士とガルストは、その小さな体に埋葬のための服を着せるのを手伝った。次の日、四月二十日の正午に、ハーツェル・ガルストが生まれた。

六月一日に、スミス、ガルスト共同の家庭は、それぞれ近くにある別々の家に移った。これらの家は、前よりもずっと衛生的で望ましい環境にあった。マックリン博士はスミスの家に一緒に住むことになった。夏の初めに、親切な友人たちが、親戚に預けるために、エルシーをアメリカに連れて行った。彼女の父は、横浜まで一緒に行き、船に乗って遠く旅立つのを見送った。

ウェストポイント卒業生手紙を書く

マックリン博士は、日本のキリスト教伝道に医療宣教師は、障害になると考え（日本人は医学面で大変立派な業績を挙げているので、医療宣教師が入り込むことを心から嫌っていたから）、自分の知識を福音に従って利用することを切に望んだ。そこで、マックリン博士は宣教師団に、ディサイプルス派がまだ働いていない中国で伝道を始めるのを許してくれるように頼んだ。博士は、十二月にわたしたちのもとを去った。わたしたちは、彼がそのように偉大な企てに乗り出すのを見ることを喜びながらも、別れるのは悲しくつらかった。

一八八六年の二月、一年中でもっとも寒い月に、田代〔荘十郎〕さんがスミスかガルストに一緒に本荘に戻り、キリスト教徒の婦人のために、葬儀を行ってもらいたいと頼みに来た。至る所に氷と雪があった。道は海岸伝いにあり、歩くしか行く手立てがなかった。このような条件のもとで四十キロの徒歩旅行をするのは結構な話ではなかった。しかしガルストはその求めに応じた。小川に張った氷は、一人の男性の重みに耐えられるほど厚くはなかった。田代さんは、ガルストがこのような小川を歩いて渡ってはならないから、自分の背中に「おぶさって」渡るよう言い張った。なつかしい年老いた田代さんよ。彼はまだ忠実に牧会と伝道の業に励んでいる。顔は不器量であばただらけだが、親切な目は誠実な心を表わしている。

火事、天然痘および手紙

一八八六年四月に、恐ろしい火事が起きて、秋田の町は荒れ果てた。外国人を憎む者たちは、火事は、わたしたちが前に住んでいた河岸の家から出たのであり、「イエスの道」に対する神々の裁きだと断言した。実を言えば、それは神棚から起った。つまり、ともしたろうそくから紙の垂れ飾り〈御幣〉に火がついたのである。恐ろしい風が吹いており、数時間で町は荒地となった。火事の被害を食い止めるために、消防士に炎が伝わる道に立つもっともみすぼらしい小屋でも取りこわさせることは不可能であった。「いたわしい」（もったいない）というのが、人々が秋田方言で発する叫びであった。その叫びと「仕方がない」（避ける方法がない）という声は、破滅した町を救う気力を奪った。火がまっすぐにわたしたちの方に進んで来て、数丁しか離れていなかった。わたしたちは、家はもうだめだと思って、多くの物を荷造りした。しかし、「またたく間に」風向きが変り、わたしたちは助かった。このことは、キリスト教徒たちに深い感銘を与えた。

荒れ果てた焼跡に夜が明けた。少数の耐火性の倉庫が空にくっきりと現われた、町の繁華街は全焼した。もちろん、焼け死んだ家族に対する深い悲しみと著しい苦しみがあった。わたしたちは学習棟に多くの人を泊めて、多量の食物を配った。わたしたちの家の手伝い人たちは、わらの避難所にうずくまる不幸な人々に、洗濯用大がま一杯のスープを作り、湯気を立てながら、然るべき米食を添えて、いそいそと配った。まさかの時のこの援助は、かたくなな心を和らげ、偏見を取り除いた。それは、わたしたちがたしかに人々の幸いのために彼らの間にいる、ということを示すように思われたのである。

この頃、スミスは、仏教的感情が強く、排外的な気持がはびこっている地区で、活発な日曜学校を開いていた。スミスは聴衆の中にぞっとするような様子の少年がいるのに気が付いた。彼の頭と顔は、かさぶただらけだったのである。そうした頭や顔は、悲惨なほどありふれていたので、その冬は天然痘が流行していたにもかかわらず、スミスはおかしいと思わなかった。しかしながら、行儀の悪さの点で何回かその少年を叱る必要があった。彼は、集会が終わると通りまでスミスの後について来て、明らかに悪意をもって無礼にも体をこすりつけたが、それでも、スミスは事情に気づかなかった。数日後に、スミスは重い病気にかかった。日本人の医師はチフスだと考えた。ドリーマス・スカダー博士はわたしたちを助けるため新潟を発ったが、わたしたちは、病気は天然痘だと電報で知らせて、博士を途中で止めた。スミスの病気は大変重く、ひどく苦しんだ。わたしたちは、その病気にかかったことのある数名の日本人の友人と共に、夜も昼もスミスの看病をした。他にその病気にかかった者はいなかった。わたしたちは、最愛の男の赤ん坊が無事であったことをどんなに感謝したことだろう。スミスは回復するとまもなく、北海道にちょっとした旅行をした。一方、わたしたちは、スミスの家と持物に十分に手を入れ、それらをいぶして消毒した。

新来者と休暇

七月に、ミス・ハリソンとミス・ジョンソンが到着したので、わたしたちの心は喜びに溢れた。わたしたちは、もっとよく知り合うようになってから、二人が初めて来た時互いに与えた印象について思いっきり笑った。わたしたちが、控え目に言っても、彼女たちに古臭く見えたことは、容易に信じられる。というのは、日本に三年近く住んでいて、洋服だんすに服を買い足さなかったからである。彼女たちの方はと言うと、そう、一八八六年にはやっていた高い帽子を被った姿は本当におかしく思えたことは確かである。若い女性たちは、際立った金髪で、秋田の人々には初めて見るものであった。そこで、彼女たちの髪は新しい種類の灰色の髪かどうかについて、何度も討論が行われた。というのは、リンパ腺炎に冒されて、髪が赤ちゃけたさえない色になるようなまれな場合は別として、日本人はいつも真っ黒な髪をしていて、外国人の色とりどりの髪と目はきわめて並外れているという印象を与えるからである。

ガルスト一家はそれまで休暇を取ったことがなく、また二年半の間英語の説教を聞いたこともなかった。わたしたちは、歯科治療を受ける必要があったので、北海道の港町である函館に一ヶ月の急ぎの旅をしようと決心した。スミスは、病後の回復のためにそこに行ったことがあり、スミスの報告は非常に心を引くものであったからである。

長い間孤立した後では、優れた汽船に乗って外の世界に行くのは全く面白かった。それは日本の船であったが、英国で造られたものであった。昔の鎖国時代には、五十トンを超える積載量の航海船は、鎖国政策を守るために燃やされて、開国に至るまで、その名に価する船はほとんど海に浮かんでいなかった。幸いにも、このような考えは今は廃れてしまった。わたしたちの知るところで、日本人は大部分、こうしたことを恥じて、向上と西洋文明を切望していた。

善良なおイノさんも同行した。一歳と四か月の幼いハーツェルはそれまで外国人に会ったことがなかったが、まるで日常起る出来事のように、船長と握手して、甘い両親を大変喜ばせた。船長も事務長も外国人であった。日本が世界に門戸を開いてから長年の間、すべての重要な地位は、外国人によって占められていた。特に、多額の金の扱いを必要とする地位はそうであった。タウンゼンド・ハリス〔初代の駐日アメリカ公使〕は、日本人は「泥棒とうそつきの国民」であると言った。そして実際このことは真実に近かったので、高い給料で外国人を雇う方が政府のためになった。ハリスは、今はそんなことは言わないであろう。なぜなら、大戦争を進めている間汚職がなかったことは、国民の誠実さが増していることを証明しているからである。ギューリックが、『日本人の進歩』の中でよく示しているように、このような規律の手ぬるさには理由があったのである。それは封建主義の名残であり、そのような道徳的脱線が西洋人の目に映るのとは違って、東洋人の目には、決して憎むべきことではない。

もう一度立派な造りの家に住み、外国人に接し、こぢんまりした教会に座って申し分のない英語の説教を聞き、かなりの数の英語を話す人々が出る祈祷会に列なるのは楽しかった。わたしたちはメソディスト派の人の家でもてなされ、すばらしい扱いを受けた。

米国の戦艦オマハが入港しており、数回その船を訪ねて非常に楽しかった。艦長は、わたしたちが艦上でわたしたちの赤ん坊に洗礼を施せば珍しいことになるだろうと勧めたが、わたしたちは、その言葉に従わなかった。

バプテスト派で、以前インドで働いていたC・H・カーペンター師夫妻が、わたしたちが函館にいる間に到着した。夫妻に会い、彼らの話を聞くのは、大変面白かった。

6 伝道の拡張

北日本における新たな伝道

カーペンター夫妻は、六十歳に近かった。夫妻は、インドに二十五年間いた。カーペンターの健康が衰えたので、夫妻は健康を回復させようと思って帰国した。五年の間、医師たちは毎年「来年は」戻れるだろうと思った。しかしながら、遂に、夫妻は、二度とインドの気候では暮せないだろうと思い定めた。そんなに長い間働いたのだから、休んでも構わないと考えたとしてもおかしくないが、そうではなかった。夫妻は広い世界を見回して、今まで働いていたビルマのカレン族に何らかの点で似ていて、まだ福音を知らない人々がどこかにいないかと調べた。夫妻は、日本の原住民であるアイヌの中に、自分たちが求めていた人々を発見したと考えた。

アイヌは熊を崇拝している。彼らは酒が好きで、めったに入浴しない。彼らは毛深い種族で、立派で柔いひげを生やしており、愛情が深く、親切である。アイヌの人々は、次第に北の方に押しやられ、まだ残っている一万七千のアイヌの人々は、北海道に閉じ込められている。彼らの間には、男性の二倍の数の女性がいると言われている。アイヌの民話の中にはとても風変りで面白いものがある。

バプテスト派の人から受けた親切を思い出して、ガルストは、カーペンター夫妻が、根室に住むという前から抱いていた計画を実現するのを助けるために、喜んで力を尽した。根室は、北海道の最東端にある繁栄している町である。そこに行くには、函館から四八二キロあまりの航海が必要だった。海は、往来とも荒れていた。実際、夫妻は、そこへ行く途中台風に遭い、港に停泊して揺れに身を任せ、上陸できるほど海が穏やかになるのを数時間待っていなければならなかった。

根室の人々は、一行を熱烈に歓迎した。夫妻は洋風の家をすぐに貸りることができた。根室は、主として日本人の町であるが、カーペンターの考えは、アイヌ語をいくらか学び、その町から伝道に出かけ、その後、アイヌの間に住めるよい地点を選ぶことであった。ガルストは、善良で注意深い聴衆に何度か話したが、それは、一種の種まきの仕事であった。

ガルストが函館に帰ってみると、男の赤ん坊は、重病にかかっていた。その子の命は、幸いにも助かった。

わたしたちは、計画していた一ヶ月より長く秋田を留守にしたことを大変悔いたが、まず子供が病気にかかり、それから汽船を見つけるのが難しかったので、予定より遅れてしまったのである。しかしながら、その年の夏は、コレラが猛威を振い、公の集会はすべて禁止された。二万人の人々がその恐ろしい病気で死んだ。丘の上では、激しい火が消えることはほとんどなかった。そして患者が伝染病病院に急いで担架で運ばれて行くのを道で見るのは、ありふれたことであった。詩篇の九一篇(わたしは、宣教師の詩篇と呼んでいる)が、このような時にはっきりと心に浮ぶ。「神はあなたを救い出してくださる。……昼、飛んで来る矢をも、恐れることはない。暗黒の中を行く疫病も、真昼に襲う病魔も、あなたの傍らに一千の人、あなたの右に一万の人が倒れるときすら、あなたを襲うことはない。……主はあなたのために、御使いに命じてあなたの道のどこにおいても守らせてくださる」。このような御言葉を賜う神に感謝せよ。

ようやく、秋田に船出する機会が訪れた。わたしたちは、陸地に囲まれた函館の港の外に出た時、恐ろしい台風に襲われ、七時間の間ほとんど航海に適しない船の中で暴風雨と戦った。果せるかな、その船は、次の航海で海の底に沈んでしまったのである。船長は遂にあきらめて、ぐるりと向きを変えた。わたしたちは三時間かけて函館にもどったのである。船は、美しい港の静かな海に着いて、「錨を投げ、夜の明けるのを待ちわびた」(使徒言行録二七・二九参照)。約二四時間待機した後、わたしたちは再び航海を試み、今度は成功して、数日後に、愛する秋田に戻った。わたしたちは、同労者たちと日本人に暖かく迎えられ、校舎で公の歓迎会を開いてもらった。

わたしたちは、若い女性たちのことを心配していた。彼女らは、慣れない言葉で「家事を切盛」しなければならなかったが、栄誉を一身になっていて、体重も減っていなかった。もちろん、彼女らは、長年の〔宣教師たちの〕働きの中から生まれた十分訓練の行き届いた助け手の世話になっていた。

新来者と伝道旅行

この頃、わたしたちは、もう二人の働き手を迎えて再び喜んだ。それは、W・T・ムーア〔外国伝道教会所属の宣教師〕の伝道者養成学校出身の英国ロンドンのスタニランド夫妻であった。夫妻も、もっとも心のこもった態度で公に迎えられた。スタニランド夫人は、日本に来る途中あまりに具合が悪くて、船医は果して無事に紅海を越えられるかどうか疑った。

今や、寒々とした北国の冬への備えを急ぐ時であった。家の風上の側には、風よけが設けられた。家と同じ高さの竹の棒がしっかりと植え込まれ、その横に、重く目のあらいむしろが縛りつけられた。これは、風からかなり家を守ってくれた。風は、もっとも寒い天候の間激しく吹きつけ、もろい家の中で身にこたえた。家の壁の役を果しているふすまには紙をもう一枚重ねて貼った。わたしたちは、ふすまを貼り合わせ、また溝にものり付けした。但し、出入り口や通気のためのものは、あちこちにそのまま残された。

教会の力がつき、きわめて親しみのある日本人の支持者が増えたので、先の見込みは非常に明るかった。わたしたちは、引続き恵みを与えたもう、愛に満ちた神に深く感謝した。

諸変化

一八八七年一月に、スミスは短い休暇を取りに、アメリカに発った。力の必要な配分のため、わたしたちは、同じ場所で力を合わせて伝道することは二度となかった。

二月に、カーペンターが、キリスト教伝道の第一線の最北端である根室で亡くなったという知らせを受けた。カーペンターは苦しんだが数日だけであった。季節は、冬であったので、汽船が港を目指すことは不可能で、陸地の側も、ほとんど閉されていて、悲しみに暮れるカーペンター夫人の所に行ける外国人の友人は誰もいなかった。夫人は、日本人の友人たちと一緒に、墓まで亡き夫に従って行き、家に帰って一人で仕事に取りかかった。夫人の言葉によれば、カーペンターが亡くなるときに、次のような言葉が心に浮かんだ。「あなたの右の手を固く取って言う。恐れるな、わたしはあなたを助ける、と」。この言葉は、すっかり聞き慣れたものではなかったが、夫人は、それは神から出たものであると信じた。夫人は捜したが、同じような引用文を見つけることができなかった。後になって、その言葉をイザヤ書四一章一三節の中に見つけた。それは、まるでかたわらにいる友人が語るようにはっきりと耳に聞えてきたのである。そして実際その通りでなかったろうか。疑いなく、友の中の友がそのような悲しみの時に、夫人を慰めていたのである。

カーペンターの兄弟は、インディアナで成功した金物商人であったが、財産を売り払って、出来ることなら、兄弟の仕事を続けたいと、自分の費用で日本に来た。彼は、事業の窮境がはなはだしく、資産が危険にさらされた時、インディアナに帰り、代りの人を根室に行かせた。アメリカに帰って間もなく、カーペンターは、スペリオル湖でおぼれ死んだ。

一八八七年の春の初めに、仮の教会組織が秋田で作られた。このようにして、わたしたちは、それ以外にはなかったやり方で、日本人のキリスト教徒に責任を負わせたのである。

四月に、わたしたちはハーツェルの妹になるグレッチェンが与えられるという大きい賜物に与った。ガルストは彼女に、「ダッチィ」というあだ名をつけた。彼女は、あらゆる慣例にさからって、月の初めの日、しかも金曜に生まれた。わたしたちの信頼する日本人の医者は、彼女の誕生を取りしきるようにという依頼に答えるのが遅かった。ガルストは、催促の伝言を持たせて四回も使いの者をやったが、ガルストは、万事うまく運ぶことを切望して、自分で、家にあった人力車のかじ棒を急いで引いて、大事な医者を連れに飛び出して行った。ガルストは、先生が二人びきの人力車でいそいで来るのに出会った。ガルストのこのような気遣いは、妻への配慮のもう一つの印であり、人々への教訓となった。

初夏に、わたしたちは、スタニランド夫妻が横浜に発ったことを知り大変残念に思った。横浜で、夫妻は、長年にわたってきわめて有用な独立の奉仕を続けた。夫妻は、設備の整った家で出入りする人々の、「痛切に感じられる必要」を満たした。また伝道事業についての有益な情報を提供する雑誌を英語で発行した。夫妻はまた、横浜にいる英語を話す人々の間のキリスト教的仕事に、多くの重要な方法で、助力した。これは、二人にとって幸せな変化であった。というのは、英国からの旅の厳しい経験は、夫人の体力を大変衰えさせ、つらい北国の仕事、厳しい冬と粗末な家は、夫人に重荷を負わせたからである。スタニランド氏は、耳が悪かったので、日本語の習得がなかなかうまくいかなかった。それで、英語に関わる仕事はスタニランドにふさわしくまた実り豊かなものであった。ムーア博士のロンドンの伝道者養成学校はまた、初期の頃、四人のすばらしい働き手を中国に送った。ソー、ハーンドン、アーノルド、ハントがその四人であった。最初の二人は中国の土に眠っており、アーノルドは重病で帰国し、ハントは今でも急激に変化する中国でりっぱな働きをしている。

一八八七年は、これまでに述べた以上のそれほど特別な出来事もなく過ぎた。わたしたちは皆、言葉の勉強、英語教授、福音伝道、訪問などの日常の骨をおる仕事に忙しく、同時に、病気や小さな教会での奮闘のための通常の緊張の多い時を過していた。

一八八八年の春に、スミスは新来者たちを連れて帰って来た。つまり、ディサイプルス派の人々の間で非常によくまた好意的に知られているキャンダス・ラーモン・スミス夫人とケンタッキー州レキシントンのスノッドグラス夫妻であった。「小さなエルシー」も大分大きくなって、父と共に来た。わたしには、わたしの母と妹も尋ねてくればよいのに、と思う理由があった。

スミス一行が横浜に着いたことを知らせる電報は、聖書研究会の間に届いた。玄関に響いた「電報」という鋭い叫びであった。わたしは、一日中耳をそばだてて待っていた声を聞いて、身震いがしてすぐには配達員の所にたどり着けなかった。電報を開けてみるとすぐ、「七人無事に着した」という文面が目に入った。それでわたしの肉親が来たことが分ったのである。愛する女性たちの方を振り返ると、彼女らが既に頭を下げて祈っているのを知って深く感動した。そして、わたしを手伝ってくれるおタツさんが、四番目の祈り手として感謝と願いを表わす魂をゆり動かす心の叫びを挙げた時、わたしたちの幸せな涙は一つにとけ合った。喜びの交わりは、ほとんど言葉に尽せぬほど深く思われた。ああ、こうした祈りが、アメリカでも聞かれ理解されればどんなによいことだろう。その祈りは、西洋と東洋のきずなを強くし、アメリカ人に、神が一つの血からすべての国民を作り、地の面に住まわせられたということを理解させるだろう。その一つの血とは、結局のところ、カルヴァリの贖いの血ではなかろうか。福音の他に、人類を一つにまとめる力があるだろうか。福音は、ユダヤ人もギリシア人も、奴隷も自由な身分の者も、男も女も分け隔てしないのである〔ガラテヤ三・二八参照〕。

それまで五年の間、わたしたちは肉親に会ったことがなかった。聖書研究会が終わるとすぐ、わたしは電報局に急いで、スミス一行に喜びに満ちた歓迎の言葉を電報で伝えた。まるで地に足が着かないような気持であった。数日後、ガルスト、ハーツェルそしてわたしは、一行を迎えるために、人力車に乗り、一日の行程を行った。帰って来ると、町から二、三キロのところに、大勢のキリスト教徒が、スミスの復帰を迎えるために待ち構えていた。一度にそんなに多くの外国人が着くのは、大きな出来事で、人力車の長い列が、町に入ってきた時、注目の的となった。人々は通りに群がって、長い間、目を丸くしてわたしたちの通りすぎるのを見つめていた。町には熱気が溢れた。新来者たちのために、公の歓迎会が開かれた。

数日後、わたしたちは、以前の集会で利用された大きな芝居小屋を借りて、大集会を開いた。町のあちこちにはビラが張られた。緊張にふるえながら、わたしは、大勢の男女入りまじった聴衆の前で、初めて日本語で話をした。掲示板には、「ガルスト氏のローラ」、〔日本人の言い方では〕「ガルストさんの〔所有格を意味する〕ローラ」と書いてあった。当時の日本では、それが既婚女性の存在を示すやり方であった。未婚女性は、十六歳を過ぎていれば、〔存在を示す名前を持たず〕考慮にも価しなかった。スミス夫人は立派な話をしたが、それは通訳された。人々は、女性が演壇に上るのを見てびっくりした。

7　日本の慣習

訪問

秋田に来て四年もすると、事情は大いに好転した。初めて着いた頃、わたしたちは疑いの目で見られたが、日本語教師たちやおイノさんはやがてわたしたちを家庭に招き入れてくれた。そして、わたしたちは急速に多くの家庭に入れるようになった。スミス夫人の死は、多くの人々の心を和らげた。火事の被災者たちに対する協力も、感謝された。わたしたちは、多くの招待を受けてまごついた。是非わたしたちを迎えたいという家庭すべてを訪問することはできなかったのである。

日本において家々を訪問することは、多くの困難を伴う。日本の家に入る前に必ず靴を脱ぐのは不便で面倒である。もちろん、そうすることは絶対に必要である。というのは、同時に椅子、机、寝床の役をする畳に靴をはいたまま上るのは、西洋の家で、布張りをした家具の上を土足で歩きまわると同じくらい無作法なことだからである。挨拶も、まことに込み入っていて、慣れるまで忍耐が必要であった。まず、日本式の座り方は、わたしたちの表現によれば、「折りたたみナイフのように足を折り曲げ」ることである。それと比べれば、「トルコ風」〔座り方〕などは「全く楽」だろう。ももとふくらはぎを接し、両膝を付けて体を折り曲げ、足のひっくり返した親指のつけ根とかかとの上に座らねばならないのだから、リューマチにかかった膝は惨めなものである。時々誇らしげに椅子がすすめられたが、わたしたちは、交替してそれに座ろうとしなかった。というのは、〔椅子に座って〕、話し相手の目線より上にいたくなかったからである。それに引き続いて、短い時間が主として挨拶に費された。そのやり方たるや、一般のしきたりでは、畳の上の前の方に、開いた手のひらを下の方に広げながら、人差指と親指の先を合わせてきちんとした小さな三角形を作り、その中の畳にひたいを触れることになっている。一般のしきたりでは、と述べたのは、わたしたちはその動作をうまくやれるほど体がしなやかではなかったからである。このような骨と筋肉を無理に引張る姿勢をしばらく取ってから、主人役の人は、いつも、「どうぞお楽に」と勧めたが、それは「横座りする」許可であり、わたしたちは大変ほっとした。

気長さが東洋では度を越すことがあるのは認めるが、東洋の人々が「西洋文明」を求める余り、西洋において歳月をちぢめ、生活の本当の価値をひどく減じているという狂気じみたあわただしさを取り入れないで欲しいと思う。

わたしは、真冬の北日本の雪に囲まれた街角に立って待っていた。見たところは我慢強く待っていた。一方、作法に対する几帳面なこだわり屋は、ウールの長いスカーフすなわち、襟巻を首からほどき、帽子とめがねをはずし、めがねをガウンの胸元に入れ、その他の物を両手が空くような具合にうまく片付けて、それからもの付け根に手のひらを広げ、膝の方に動かして、聞こえよがしに息を吸い込んで、低く腰を屈めて、長い間訪問しなかったことの入念な謝罪をした。わたしは、できるだけ相手の作法をまねたが、あいにく、めがねはたまたまかけていなかったし、もちろん、フードは被ったままだった。そして息も吸い込まなかったが、非常に低く腰を屈めて、わたしの友人であるその男に、自分だけが悪いのだときっぱり言ったが、その言い方はとても「日本的」であった。相手はもう一度お辞儀をし、わたしの「尊敬すべき家族」の一人一人を案じて尋ね、一人のことを聞く度に頭を下げた。それから、もちろん、わたしも、適宜にお辞儀をしながら、相手の「尊敬すべき家族」の安否を問うと、相手は、「愚かな妻」や「汚い子供たち」のことを述べた。もしわたしがたまたま犬を飼っていたら、「尊敬すべき犬」のことを尋ねたろう。これらの「敬語」、だれかが賢明にも呼んだように、「謙語」は、日本語を学ぶ者にとってお手上げの代物である。わたしたちも、ある程度まではそれを使ったが、今までのところ、わたしたちの「汚い子供たち」と言うところまでは行っていない。

わたしたちが、以上のような日本人の国民的特性の一部にいらだつ時、他者の目でわたしたち自身を見ようと努めることが大切である。例えば、日本人のキスに対する嫌悪をとくと考えた方がよいだろう。

「恐れるな、わたしはあなたと共にいる」〔イザヤ四三・五〕

わたしたちは、いつも秋山夫人の家に大変喜んで迎えられた。夫人は、未亡人で、五人の子供の母であり、年老いた母のただ一人の頼りであった。日本の道徳水準を考えれば、一人の娘が、みじめな苦労を逃れるつもりで、遠い町にいる役人の「めかけ」になる誘惑に負けたのは不思議ではない。彼女は、母の病気のため、秋田に呼ばれていた。そして、わたしはそのことに気が付いて興味深かったが、彼女の女性の友人たちに、非難の目で見られているように思われた。もっとも、同時に、彼女らは、美しいガウンや金が自由になるのをうらやんではいたが。彼女の母は長い間患っていた。ある日曜のこと、使いの者が、秋山夫人の死が迫っていると、わたしたちを聖餐式から呼び出した。わたしたちが薬を飲ませると、彼女は息を吹き返した。

しかし、数日後、彼女の部屋に入った時、わたしたちは彼女がまさか「死の瀬戸際」に臨んでいるとは考えていなかったが、わたしたちは彼女がひどく弱っていることが分かった。夫人はそれまで数ヶ月間キリスト教徒であった。彼女は歌を歌ってもらいたいと言った。わたしたちが畳の上にきちんと座ると、彼女の顔はありありと晴々となったが、挨拶は弱々しかった。彼女は、「たえなる恵みや、みかどは開け」〔讃美歌五〇五番〕という歌を選び、自分も一緒に歌ってみると言ってきかなかった。わたしたちは、彼女を枕で支えた。すると彼女は、身震いしながらめがねをかけた。それは重いべっ甲の枠のぶかっこうなものであった。哀れな目は、迫る死のためかすんでいた。彼女は、もう一つのめがねを持ってきてもらい、それを初めのめがねの上にかけた。まだ歌詞が見えなかったが、「わがため、わがため」と震え声で口ごもりながら、合唱に加わった。その歌声は、彼女の愛情と信仰に満ちた心とは別だが、全く調子はずれであった。ほとんど、「遙かな十字架からの輝き」のかすかな光が、既に「死の川」の最初のさざ波を感じている辛抱強い病人の回りに注いでいるように思われた。わたしたちは、ヨハネの黙示録の一節を読み、親愛なる姉妹がほどなく入る永遠の都をかすかに見、それから祈りを捧げ、これが最後の別れと思いながら、夫人に別れを告げた。一時間後に、使いの者がわたしたちの家に急いで来て、秋山夫人の永眠を告げた。

葬儀はわたしたちの学校の礼拝堂で行われたが、秋田での最初のキリスト教式の葬儀であったので、大いに注目を引いた。秋山家の人々は、暮し向きが悪くなっていたので、故人のためにしてやりたいことができなくて悲嘆に暮れた。娘たちは、前に持っていた美しい着物の話をしながら泣いたが、今では最後の眠りについた母のために着物を手に入れることができなかった。簡素な白い衣服と、美しく裏打ちされ飾り付けられたこぎれいな杉のひつぎが教会から提供された。これらの贈物は、花々、美しく慰めに満ちた讃美歌、愛のこもった交わり、祝福豊かな聖句、約束されたすばらしい望みと相まって、「イエスの道」が与え始めていた良い印象を更に高めた。

別な家では、キリスト教徒の青年の母親が心からわたしたちを迎えてくれた。彼女は、いつもわたしたちをくつろいだ気持にさせた。「今日は寒いですね。靴の上にスリッパをはけばいいですよ」と彼女は言った。わたしたちは、訪問の終りに氷のように冷い靴をはかなくてもよいことを喜びながらその勧めに従った。わたしたちは、買物袋の中から編んだスリッパを取り出して、それを靴の上にはいた。こうしたことは、とても親しい間柄の家でしかやらなかった。わたしたちは、時間がないから、もしよかったら、お茶を出す手間を省いて、用意してきたためになる話や聖書の教えや祈りに是非注意を払って欲しいと言ったが、すぐさま優美な茶わんにお茶が注がれた。しかし、こういうことはせき立てるわけにはいかなかった。たとえ人が死ぬところでも、日本では形式を守らなければならないのである。

川井夫人はキリスト教徒になる決心をしていた。そのことをミス・ハリソンに相談している間に、彼女は、「これをどうしたらいいでしょう」と叫んで、神棚にある死者のための木の板を指さした。この板の上に、僧侶は、故人の死後の名を書くのである。

「偶像はもはやわたしには何の意味もありません。でも、これ、これは」と言うと、彼女のほおを涙がこぼれ落ちた。「子供の頃から、この中には亡くなった人たちの魂が入っていると教えられてきたのです。どうしたらいいでしょう。わたしには燃やせません」。その時、わたしたちは、わたしたちには妙に思える信仰がどんなに尊いものか、そしてどんなに深い思いやりをもってそのような信仰を扱わねばならないかを悟った。川井夫人は、その位牌を埋めるように勧められ、彼女の心から重荷が取り去られ、彼女はキリスト教徒になった。夫人は、キリスト教徒でない夫と一緒の家庭で、長年にわたって多くの悩みを抱えてきたのである。

わたしたちは、二階の部屋に案内された。それは小さな奥まった所で、最愛の息子が勉強部屋にしていた。二階は、普通の日本家屋では珍しく、通常は、登りにくい梯子のような階段でたどり着く一部屋に限られている。この部屋は、勉強部屋として使われ、特別な敬意を払われている。わたしたちがこの部屋に入った時、はるかに太平山を望む、水田や丘を見渡すすばらしい眺めが迎えた。少年は母親の特別な誇りであった。彼はわたしたちの一番初めの頃の回心者であった。彼はわがままな少年で、よく大げんかをしていた。彼はわたしたちの英語学校で学んでいたが、かなり反抗的であった。何年も後になって、ガルストの死顔をのぞきこんだ時、彼はさめざめと泣き（日本人が泣くのはありふれたことではない）、「わたしは先生に大変ご迷惑をかけました。先生はとても我慢強くて、わたしたちは、先生は果して神様かそれとも人間かと思ったものでした」と何度も言った。この青年は立派なキリスト教徒の女性と結婚し、数人の頭のよい子供たちがいる。長女は、東京にあるわたしたちの女学校〔女子聖学院〕に通っている。

おチエさん

おチエさん（チエは知恵を意味する）は、おイノさんの成人した姪であり、わたしの語学教師となった。彼女は学校教師であり、当時の北日本の女性としては、立派な教育を受けていた。彼女は、大勢の姉妹の中でもっとも年上であった。もっとも若い娘の名は、口で言い表わされた時はいつも、期待はずれであったことを示していた。もちろん東洋では、男の子が重きをなしている。男の子を欲しがっていたのに生れてきた女の子に、特別な名をつけて焼印を押すこの習慣は、秋田独特のものであったかもしれない。日本の他の地方では覚えがない。それは本当にひどいことであった。

小さな学校教師が結婚する時が来た時、娘ばかりの家庭の結婚のしきたりに従って行われた。一人の男性が養子となり、彼女の家名を取って、長女の夫となった。この場合、彼はあまり取るに足らないように思われ、わたしの小さな友人がほとんど一家の重荷を負った。彼女は、月約八ドルというかなりの給料を受け、その中の約五十セントを残してそっくり父親に渡した。彼は、「ご隠居」、つまり「隠退して住む人」であった。中年を過ぎた男性は、仕事を退くことになっていた。つまり、「立派に働くのに適した年齢を過ぎても、男があくせく働き続けるのは野蛮なことだ」と考えられていたのである。財産がある場合には、「ご隠居」はそれを相続人たちに譲った。それからは、彼は彼らに養われ、娯楽に耽った。彼は「碁」（日本のチェス）などの気晴しで暇をつぶし、一方、若い世代の人々は重荷が増えても別に恨んだりしなかった。この場合、「ご隠居」は支払能力がなく、養子になった夫にも力がなかった。それで、りっぱで小さな学校教師に重荷がかかってきたわけである。わたしたちが、一緒に新約聖書を通して学んでいる時に、おチエさんは、イエスの美しい生涯と使徒書簡の汚れない教えに心を動かされた。

「キリスト教徒になりたいのですが、教会に入る前に、それにはどんな意味が含まれているのか正しく知らなければなりません」と彼女は言った。そこで、彼女は夜遅くまで勉強した。一日中忙しくて、勉強する暇などなかったのである。

ある時、父親が午前二時に彼女の部屋に入って来て、「何だ、夜のこんな時間に勉強しているのか。それに火もなしに……」と叫んだ。

「火があったら、眠ってしまうわよ、お父さん」と元気のいい答が返ってきた。

幸いにも、彼は、何を勉強しているのか尋ねなかった。彼女が新約聖書とマーティンの『キリスト教の証拠』に心を奪われていると話さなくてもよかったのは好運だった。もし話したらいい顔はしなかっただろう。彼は熱心な仏教徒であった。それに、「イエスの道」に入れば、公職を失うことになるかもしれなかったから。

遂に春に、彼女が洗礼を望んだめでたい日が来た。静かに、ほとんどこっそりと、わたしたちは、芽生えた葉と花盛りの木の下の人目につかない小川まで行った。彼女がこのようなことに踏み切るには犠牲を払わねばならなかった。場合によっては、金銭上の破滅を伴なうかもしれなかった。彼女は、白衣を身にまとって、小川に入り、美しい儀式で水に浸された。わたしが彼女の体に外とうをさっと着せた時、彼女は目を美しく輝せて、「いよいよ安堵いたしました」(とうとう平安を得ました)と言った。秋田方言と東京言葉を奇妙に混ぜたものを使ったのである。

平安、世界中に平安にあこがれない者がいるだろうか。毎年何千人という巡礼が「平安を求めて」日本の神聖な山々に登る。彼らも白衣を身につけている。彼らは足を痛め、疲れ果てて帰り、白衣は旅で汚れている。顔はしばしば遊興の跡を示している。というのは、山腹にはいかがわしい盛り場があるからである。彼らは、帰ってから自分たちが見出した「平安」を語らない。しかし、洗礼を受けた人々は、この世が与えることができない平安を授り、神に感謝すべきことに、世はそれを取り去ることもできない。

イノ伯母さんは、わたしたちがおチエさんの家を訪れた時、よくそこに来た。忘れ難い新年の時、彼らはわたしたちを迎える行き届いた準備をした。一番良い部屋には、幾つかの火鉢が置かれ、たくさんの炭が灰の中で燃えていた。障子は注意深く閉められていた。というのはおイノさんは、わたしたちが気持のよいストーブがあればいいのにと思うことを心配したからである。炭の強い臭いがわたしたちをおびえさせた。ガスはとても有毒だからである。フランスの自殺者は、燃える炭を入れた皿を寝床の下に置き、眠りにつき、二度と再びこの世では目を覚さないのである。

小さな女教師はいまや生後わずか数日の立派な男の子の母であった。彼女に敬意を表わすお祝いが盛大にもよおされた。彼女は青白く体が弱っていたが、慣習では、使用人として働くことになっていた。そこで、彼女はお茶を運んで来たが、父親がそれを客についだ。父親がそうするのが上品な作法とされていたのである。わたしたちは箸を器用に扱えるようになっていて、おいしいソース〔しょうゆ〕と一緒に出された餅を大変おいしそうに食べた。

死

親愛な年老いた祖母が亡くなって冷く横たわっていた時、わたしたちは再びこの家を訪れた。彼女は享年七十六歳で、情深い行いのため明らかに大いに敬まわれていた。子供たちや隣人たちは心からその死を悲しんでいた。神道の慣習に従って、彼女のひつぎは長く、大体西洋のものと同じであった。仏教徒は、頭を祈るように膝の方へ垂れさせ、遺体を座った姿勢で、四角い容器に入れて埋葬する。日本では、人々は、全く同時に神道信者、仏教徒、儒教徒であっても、別に混乱や不調和はないのである。その他にキリスト教に従ってもよいと教えようとする者までいる。神道信者は、先祖、皇室および自然を崇める。これに道徳についての何か健全な儒教の教義、それに仏教の偶像、死んだ時の仏教の葬式と仏教の墓地の墓を加えても、キリスト教を受け入れて差し支えない。そうしても、もう一人の神をつけ加えるにすぎないだろう。多くの人々はそんな風に考えている。

　船坂夫人の遺体は白衣を着せられていた。そのかたわらには杖があり、足元にはわら縄に通した厘（りん）と呼ばれる貨幣の束があったが、それは貨幣の真中の穴にわら紐を通したものであった。その銅貨は、一セントの二十分の一位の値打ちがある。ひつぎの中には、一足のわらじがあったが、それは巡礼や歩行者がはく粗末なわらのサンダルである。

「何故このようなものをひつぎの中に入れるのですか」とわたしたちは尋ねた。

「これは、あの世で何百万キロも旅をする時役に立つのです」という答えであった。

山道を行けば、杖はじきに折れてしまい、サンダルはでこぼこ道では一日も持たず、何分の一セントの金では、ほとんど数日も飢えをしのぐわけにはいかないだろう。

　こうした葬儀と次のような信仰との間には天と地ほどの隔りがある。「わたしは復活であり、命である」〔ヨハネ一一・二五〕、「わたしの父の家には住む所がたくさんある。……行ってあなたがたのために場所を用意したら、戻って来て、あなたがたをわたしのもとに迎える。こうして、わたしのいる所に、あなたがたもいることになる」〔同一四・二―三〕。「おお、死よ、お前のとげはどこにあるのか。墓よ、お前の勝利はどこにあるのか」〔コリント一、一五・五五参照〕。「神は自ら人と共にいて、その神となり、彼らの目の涙をことごとくぬぐい取ってくださる。もはや死はなく、もはや悲しみも嘆きも労苦もない」〔黙示録二一・三―四〕。「もはや、夜はなく、ともし火の光も太陽の光も要らない。主が僕たちを照らし」〔同二二・五〕てくださるから。

それから、美しい讃美歌の与える慰めをわたしたちは歌う。「イエス君にありてねむるこそよけれ」〔四七七番〕、「まごころもて仰ぎまつらん」〔二六八番〕、「主よ、水先のしるべしたまえ」〔二九二番〕、「主よ、ともに宿りませ」〔三九番〕、その他同様に救いとなる数十の讃美歌を。

木の杖、一足のサンダル、それにわずかばかりの小銭。ああその哀れさよ。そして、もしその気さえあれば、わたしたちは彼らに暗闇と窮乏の中にあって、このように強い慰めを送ることができる。しかし、わたしたちの歩みは遅く、時を逃し、「中国では月に百万の人が死んでいる」。

二つの教訓

母と妹が着いてまもなく、わたしたちは秋田でもっとも美しい家の一つに招かれた。わたしたちが開かれた障子からの美しい眺めを楽しめるように、優雅な客間はわたしたちを迎える用意ができていた。砂糖菓子とお茶がすぐに出された。これらはいつも「尊ぶべき食事」つまり「ご馳走」の前に運ばれる。（本質的な価値のためではなく、「客に捧げられる」から尊ぶべきなのである。というのは、その食事は、主人役によってごく軽んじて、「大変粗末な物」と言われるからである。）この家の令嬢はわたしたちと親しくなっていて、後にキリスト教徒になった時、わたしたちは心から喜んだ。

上品な料理が出された。煮てすりつぶしおいしいソースを添えた栗、きのこ、海藻やその他の物が入ったむしたカスタード、おいしいドレッシングをかけた美しい茶色にあぶった魚、その他ガルストとわたしが大変気に入った料理を思い出す。遠くの異国から来た初老の白髪の客人は本当に興味をそそった。東洋では、老齢が目にはっきり見える衰えなしに訪れることはまれである。老人は栄養不足のため腰が曲がりよぼよぼのことがまことに多い。従って、わたしの母であるデラニー夫人は、非常に背が高く、めったにないほど背筋がまっすぐだったので、「たいそう立派なおばあさん」としてさかんに話題にのぼった。もちろん、アメリカの慣習について多くの質問が出たが、わたしたちも日本のならわしをいろいろ教わった。ほんの小さな出来事でも、キリストの教えを引き出す聖句を思いつかせた。わたしたちは、食事の時「食前の感謝の祈りをする」慣習を述べることができた。こよみの話をしているうちに、キリスト教についての感銘の深い事実が浮び上がった。わたしたちは、自分の社会の、家庭のそして国の生活について喜んで話した。

わたしの聖書研究会のメンバーであるおタツさんは、ふだん着でやってきた。わたしは、一家の裕福さを心得ていたので、その集まりが恐らくちょっとした「事件」になるだろうと思っていた。わたしたちは晴れ着を身につけていたのである。わたしは、おタツさんがそわそわしているのに気がついた。次の日、聖書研究会で彼女は、婚礼の礼服を着ていなかった者についての大変印象的な話をした。彼女は、そんなにすばらしい宴会に備えないで、わたしたちの友人の家に〔普段着で〕出かけた前日の経験を述べた。他の客たちは立派な服装をしていたと、彼女は説明した。もしこのことが恥かしい思いをさせたのなら、終りの裁きの日に礼服を着ていなければ、自分はどんな思いをするだろうか。わたしたちのために自らを捧げられた主の前に出たらどんな思いをもつだろうか。日本人は、このようにありふれた経験から教訓を引き出すのがきわめて上手である。

ある日、教会のキリスト教徒の一人が来て、わたしたちの伝道団からきた女性たちの一人に、死にかけてひどく苦しんでいる若い女性を訪ねてもらいたいと頼んだ。彼女は、一年前に父親に恥ずかしい所に売りとばされた。父親の観点からすれば、これは全くまっとうなことで、やっかいな借金を逃れる一番たやすい道であった。そして娘の観点はどうであろうか。彼女は子供の時から、孝行は個人の純潔よりずっとすぐれた美徳であると教えられてきた。疑問を抱かずに父親の意志に従うことは、神々の心にかなう務めであった。というのは、孝行は日本の国民性の最後の頼りであるからである。

ミス・ハリソンがこの哀れな女性を訪ねると、彼女は苦しみ不安を抱いていた。親の教えに従って極力犠牲を払うことを賞賛する掟はまた、身持の悪い女性には救いの望みはないと言っているではないか。病人の願いで、一人の僧が呼び出されたが、苦悩する魂に「考えるのを止めなさい」としか勧めなかった。考えるのを止めて、魂にこの暗い影を抱えたまま、暗闇の中に出かけることがよいと言うのか。ミス・ハリソンが愛情を込めて、「わたしもあなたを罪に定めない。行きなさい。これからは、もう罪を犯してはならない」〔ヨハネ八・一一〕。そして「疲れた者、重荷を負う者は、だれでもわたしのもとに来なさい」〔マタイ一一・二八〕と言われた方のことを彼女に語った時、平安がいつの間にか彼女の心に広がるように見えた。

確かに、「わたしは、くすぶる灯心を消すことなく、傷ついた葦を折ることもない」〔マタイ一二・二〇、イザヤ四二・三参照〕と言われた方は、そのように全く誤り導かれた生活に対する償いと贖いについての洞察力を備えていたのである。

東洋では、みだらな生活が何かの宗教的崇拝の副産物であり、宗教的行為として行われることが多いことは覚えていた方がよい。

8　根拠地の移転

秋田を去る

働き手の数が増えたので、新しい伝道所を開くことが可能になった。わたしたちは、庄内地方にある、秋田の南一三〇キロの人口二万五千の町、鶴が岡〔現在の鶴岡〕を選んだ。

わたしたちは秋田に四年間いた。外国人に対する激しい憎しみは日々に募る親しみに変り、日本人を訪れて欲しいという多くの招待に答えることは難しく、日本人もごく自由にわたしたちの家に来た。何日も、一人の家事手伝い人が客に出すお茶を持ってくるだけに時間を割く必要があった。

出発する計画を話し合っている間に、師範学校の教員である友人の畑井さんが、「どのようにして港に行くのですか」と尋ねた。

「恐らく人力車で」と私は答えた。

「涙の川を小舟で流れ下るようなものですね」と彼女は少々涙ぐんで言った。

わたしたちが、浜辺に立った時、これは単なる美しい言葉以上のものであった。その時、わたしたちは、涙を押えかねながら一緒に歌い祈っている愛情の深い働き人の輪に囲まれていた。しかし、その涙は、別れのつらさにもかかわらず感謝と喜びに溢れたものであった。というのは、伝道の業は恵まれ、未開拓の地に広がっていく可能性はわたしたちの胸をわくわくさせたからである。

土崎港へ行く途中で、わたしたちは、キリスト教徒になってからしばらく経った老婦人に遇った。彼女は全く目が不自由で、あまりに貧しくて一五セントの運賃を払う余裕もなかった。彼女は、竹の棒を手にして、手探りでやって来た。彼女は、午前三時からずっと歩いて来たと話した。川村お婆さんは、「イエスの道」をひどくきらっていて、家族の一人がキリスト教徒になった時、彼に猛烈に反対した。わたしたちは、是非とも彼のためにより良い環境を作りたいと思い、ちょっとした親切な世話をして、彼女の激しい偏見を取り除こうと願った。わたしたちはしばしば、豆料理の鍋を持って行き、「おばあさん、外国人の寒い時分の食物をためしに如何です」と言った。何回か訪れた後で、彼女はわたしたちを家の中に招いてくれた。それから彼女は聖書研究会に来て、ほどなく、近所の婦人たちが新しい教えを聞けるように、自分の家でも会を開いてくれるよう頼んだ。あるよろこばしい日に、彼女は不自由で非常に見苦しい（というのは、目はひどく損われていたからである）目を向けて、ガルストに言った。

「あなたのお話から、天の神様のみもとには光の国があることが分りました。もしそこに行く道があれば行きたいものです。冬が近づいていて、体は冷えてひもじくなるでしょう。だから光の国に行きたいのです」。

キリストによる救いについて大変物質的な見方をしていると思うだろうか。間違いなく、彼女は真剣な心で信仰を示した。というのは、荒れ狂う北風と雪を物ともせず、本当にみすぼらしい着物を着て聖書研究会に来て、全く無教育なのにもかかわらず、聖句に耳を傾け、多くの箇所をそらで覚えたからである。彼女の大好きな聖句は、「狐には穴があり、空の鳥には巣がある。だが、人の子には枕する所もない」〔ルカ九・五八〕であった。

数年前に、この年老いた姉妹はわたしに遺言を送ってくれた。「わたしは光の国に行くところだとガルスト夫人に伝えて下さい」と書いてあった。地位の低い者に平安と喜びを、目の見えぬ者には望みと光を与える福音を給う神に感謝せよ。ナザレの大工は、上品な学校教師に、後年には国会議員に対すると全く同様に、この哀れな幸薄い者に対する使信を持っていたのである。

わたしたちの初恋の地、懐かしい秋田よ、さようなら。わたしの結婚指輪は、あなたの浜に埋められている。

米国のディサイプルス教会の年少者部の最初の仕事は、ジョゼフィン・スミスを記念して、秋田に礼拝堂を建てることであった。

鶴が岡への旅

小さな河を通う汽船が時々、土崎と鶴が岡から数キロ離れた酒田港の間で船荷を運搬していた。わたしたちはこの船を借り切って、宣教師団に約二百ドルの費用を省かせた。ディケンズ流の表現によれば、「十二メートルの短かさで、三・七メートルの狭さの」この小舟に「一切合財」積みこんでいる姿をできるものなら想像して欲しい。船尾は水面すれすれであった。世に言う縁起の悪い数の人が乗船していた。つまり、スノッドグラース夫妻、母と妹のデラニー、ガルスト夫妻、子供のハーツェルとグレッチェン、それに五人の日本人であった。つまり、ギリシャ正教からの改宗者松田氏も語学教師として同行し、松田夫人は女性相手の働きを手伝うために来た。忠実な料理人であるおキエさんとその夫と子息でその数を満たした。ところで、女性を料理人に仕込むことは、全く慣習に反することであった。ほとんど、日本の南の方で外国人が雇っている熟練した料理人は、男性であった。わたしたちは、女性にも頭脳と能力があり、家庭生活のこの面は本来女性の分野であるという事実を強調するのは、本当の伝道の業であると思っていた。上等なパン、ビスケット、それどころか、食卓に出される一切の物が、女性の手で作られたものであると分ると、日本人の客によって驚くべきことと考えられた。特に客が気に入った料理の作り方を知らせるために、料理人が客の前に呼ばれねばならないことが多かった。

旅を続けよう。主は愚者と子供を顧み給うと言う。大変幸いなことに、一行の中には子供がいた。機関士は舵手も兼ねていたので、彼がちょっと一服したい欲望に捕えられた時、わたしたちは時に海岸の近くで驚くほど揺れた。しかし海は池のように穏やかで、わたしたちは幸せにも目指す港に上陸し、船荷も降ろされた。（この小さな汽船は、次の航海で沈み、すべては失われた。）わたしたちは、その晩は酒田の宿屋で過し、翌日鶴が岡までの残りの旅を終えた。

鶴が岡も、心地よい城の庭園と雪を頂く山々の美しい眺めのある城下町であり、大変美しい場所である。この町は仏教の拠点であった。わたしたちは、排外感情がきわめて強いことを知ったが、数日経ってやっと家と名のつくものを手に入れることができた。人々は、外国人は靴をはき、重い家具やストーブを使って日本家屋を台なしにすると言った。しかしながら、わたしたちは、もし自分たち特有の慣習のため不都合が生じたら損害はすべて「弁償する」と約束した。スノッドグラース夫妻は、二人だけだったので、より容易に家を手に入れた。遂に、わたしたちはひどくみすぼらしい家を見つけ、まもなく中の模様変えをしたが、外はどうしようもなかった。屋根は草ぶきであった。軒はあまりに低かったので、ふすまの紙をガラスに入れ替えても、明かりは乏しかった。屋根に大きな天窓を設けたので、その欠陥は補われた。台所は、日本の慣習に忠実に、家の前部にあり、食堂兼居間としてりっぱに役立った。それは大きな納屋のような部屋で、その垂木は、長年クレオソートが塗られていたので黒ずんでいた。わたしたちは、木ずりと紙で作った天井を取りつけた。天井から天窓まで届く四方の紙の壁は、画家である松田さんによって美しく飾られた。鳥、桜、藤のつる、それからガルストの特別な頼みによって、木に登る二匹の本当に生きているような猿がこの場所の美しさを引き立てた。日光が天窓から食卓の上に差し込んで、暗く古い部屋は一変した。

その家はまことにかび臭くて、いやなにおいがした。ちょうど焼いた塩魚とザウァークラウト〔塩漬けキャベツ〕を合わせたようなにおいだった。というのは、日本の大根の漬物はザウァークラウトによく似たにおいがするからである。わたしたちは、硫黄で家中をいぶし、それから息を吸うために、雨戸を外して、幾晩か眠らねばならなかった。蚊の群が容赦なく押し寄せてきたので、ランプをともすのは止めた方がいいということになって、わたしたちは、夏の薄暗がりの中で、早く床に就いた。ある真夜中、私は硫黄の強いにおいをかいで目を覚ました。わたしは枕もとのろうそくのそばにあるマッチがそんなに強くにおうはずはないと思った。その事を考えている間に、母と妹が使っている隣の寝室から聞えてくる鋭い悲鳴に血が凍る思いがした。ガルストは、タオル掛けを武器として、急いで二人を助けに行った。とっさの間にそれしか見つからなかったのである。彼は後になって、その武器で泥棒を刺さなければならなかったら、さぞものすごい穴が開いたことだろうと言った。しかしながら、その男は二つの大事な旅行かばんを中味ごと持って逃げおおせた。かばんは、次の朝、隣の中庭で見つかった。泥棒は外国の錠の数字の組合わせを知らなかったので、それは粗っぽい道具で切り開かれていた。もちろん、中味は消えていた。県〔警察〕の主任刑事が事件を調べるためにきた。できれば、失われた財産を取り返すためである。彼はきわめて丁重であったが、夜は雨戸を閉めて寝た方がよいとやんわりと言った。雨戸をしめないで寝るという無謀さの結果受けた損失に、二度と責任は負いかねるということであった。泥棒は数日後低級な溜まり場で花札をやっているところを捕まった。彼は「外国人」の持物で身を飾り立てていたが、全く落着きはらっていた。彼は、近所の畑から幾晩か見守っていて、母が床に就く前にいつも壁の中の押入れに行って、低く身をかがめて何かの仕事をしていることに気がついた。母は時計〔の竜頭〕を巻いていたのである。彼はそこに貴重品があると思い込んだ。しかし、彼はまた家の中にはきっと何か「途方もないからくり」があるに違いない、さもなくば、一切を開けっ放しにして眠るなんてことはしないだろうと思った。それで、家の中に入った時、死のわながぱっと動くだろうと思って、一歩進む度に、「今、今」と心の中で考えた。

盗まれた所有物は、大学のクラブの徽章と少額のばら銭を除いて全部戻ってきた。

歓迎すべき客

いろいろな活動にふさわしい家を借りるのは難しかったので、わたしたちはよりよい方法をとった。つまり、格好の位置にある土地を九十九年間借りる契約を結び、三百ドルの費用でこぎれいな礼拝堂を建てたのである。ここに松田さん夫妻が住んだ。わたしたちは精力的に一連の集会を企てた。七月のある暑い日、女性と子供のための集会から帰ってみると、家の門口に一台の人力車が止まっていて、二人の車夫が、日本人の車夫がよくやるように手拭で力を込めて顔と体をふいていたので、早く懸命に走ってきたことが分った。わたしは、格子越しに、一家の中に一人の外国人の姿を認めた。わたしたちは長い間たがいに離れていたが、わたしはその姿を見ると〔だれかわかったので〕急いで家に入った。中国の南京で活動しているマックリン博士と顔を合わせたのである。秋田で博士がわたしたちと別れてから二年半の歳月が経っていた。

わたしたちはすぐさま、マラリアで健康を損なっていた客人が心地良く過せるよう気遣った。わたしたちの家は、息苦しい湿っぽい夏の空気の中で、我慢できないほどうっとうしく、床に敷かれた古畳には、〔どんなに駆除してもいなくならない〕永久運動のすばらしい例を示すノミがたくさんいた。はえがまわりに群をなし、最後だが決してゆるがせにできないことには、何百匹もの蚊が飛びまわっていた。暑さのため、集会はごく小人数であったので、わたしたちは数キロ離れた海岸に短期間滞在すればまた元気になり、それに一度も福音を聞いたことがない人々に伝道する機会が与えられるだろうと心に決めた。ガルストは湯野浜〔温泉の浜という意味〕という小さな村落を見つけたが、日本海に面する丘を背にしており、そこは蚊を防ぐように見えた。ガルストはここでそれぞれ日に七セントで数部屋を借り、わたしたちは自分たちの食料と蚊帳や寝袋のような家庭用品を持って行った。寝袋は、大きな敷布を袋状に縫い合わせたもので、縫い目は十分に折り伏せられていた。夜になると、わたしたちは、頭と肩のあたりに除虫剤をたっぷりとふりかけてから、この中にはいこみ、一番上の周りの引き紐を引き寄せてゆっくり休んだ。わたしたちは五年間に一回しか休暇旅行をしたことがなかったので、海岸までの下り道に通ずる坂を登る途中、一週間遊び戯れることへの期待は、マックリン博士が与えてくれた喜びと相まって、わたしたちに元気をもたらした。海を眺め、気分を浮きたたせるそよ風を吸った時、その強壮剤は効能を表わし始めた。宿屋に近づいた時、石段が延々と続いていたので、人力車は役に立たなくなった。わたしは嬉しさのあまり少々不注意に歩いたに違いない。というのは、足首をひどくねじってしまったからである。マックリン博士は、傷めた足を地面につけることを禁じた。人足たちが呼ばれて、わたしは宿屋まで運ばれた。わたしの休暇はこのように始まった。他の人々が水浴びをしたり、泳いだり、散歩をしている間、わたしは手紙を書いたり本を読んだりする羽目になった。妹は博士の滞在を楽しいものにするのに役立った。北日本のその静かな片隅で美しいロマンスが花開き、生きがいのある人生とはどのようなものかについて、妹の考えがすっかり変ったのも至極当然のことである。日本の行楽地のほとんどがそうであるように、湯野浜も不浄の場所であった。昼夜を問わず、男女が一緒くたに入浴している姿が目に映り、夜ふけまで、彼らはほとんど裸で狭い村の通りを行き来して、あたりには下品な笑い声とみだらな冗談が溢れていた。わたしたちは何回か集会を開き、多くの福音歌を教えた。いかがわしい家から、女性たちがおイノさんの所に来て、自分たちのために仲に入って、恥と苦しみの生活から助け出してくれるように悲しげに頼んだ。

火事

十日の間くつろいだ後、わたしたちは仕事に向かう元気をつけて鶴が岡に帰り、マックリン博士は南京に帰った。

涼しい天気が戻ってきたので、集会の出席も良くなってきた。ある古物商の回心は町中に評判となった。保科さんは大酒を飲んで、妻と娘にひどい仕打ちをし、近所の人々もむごいあしらいをよく知っていた。彼は酒を止め行いも優しくなったので、人々はそんなに生活を一変させる宗教はよく調べてみる値打ちがあると考えた。妻子もキリスト教徒になった。もう一人の男性が妻と娘と一緒に集会に加わり、娘はその後東京で看護を学び、日本の有名な外科医の主任助手となった。入院患者たちは出来ることなら自分の看護をして欲しいと特に頼んだ。彼女は〔他の看護婦とは〕「違っている」という理由であった。

ストーブなしに寒い地方の冬を切り抜けることは無理であった。ガルストは、心配しながら草ぶき屋根に石の煙突を通す計画を立てた。ところがガルストはあまり忙しくて、指示の実施に自分で注意を払うことができず、その煙突の出来栄えは欠陥だらけで、その欠陥だらけの煙突により、わたしたちは、あとでひどい目に合い、大きな損害を受けて思い知った。

十二月に、マックリン博士が再び訪れた。今度は婚約した花嫁を連れて行くためであった。博士が一緒にいる間に、グレース・スノッドグラースが誕生して、伝道団の重要な仲間が増え、この「鶴の国」に初めて生れた外国人の赤子となった。

クリスマスの二日後の身を切るような寒い朝、朝食をとり、立ち上った時、薄っぺらな紙の天井が少しばかり燃えているのを見つけた。

「火事だ。火事だ」という叫びが響き渡り、たちまち家中は大騒ぎになった。

「天窓へ」とだれかがおのをつかみ、急勾配の屋根に登りながら叫んだ。数回力を込めて打ちつけると、ガラスと骨組が壊れて数杯の水をかける道が開けた。それで火事が収まるものと思われたのである。ところがそれどころか、空気がくすぶっている草ぶき屋根の一部に当ったとたん、火はほとんど爆発的な力でぱっと燃え広がった。

「外に出よう」とマックリン博士は叫んだ。

わたしはその日、数週間ぶりに朝食をとった。というのは、病気で食事がとれなかったからである。わたしは礼装用のスカートに銀の器を少し入れてつかみ、寝室のスリッパをポケットに押し込み、靴を引っ張ってはいた。おミオさんはハーツェルを背負い、グレッチェンを両腕に抱えた。というのは二人とも柔らかいはきものをはいていて雪の中に出て行けなかったからである。そしてわたしたちは揃って通りに飛び出た。あっと言う間に家中には安全な部屋は一つもなくなった。というのは、紙の壁と天井と草ぶき屋根のもろい家は本当のマッチ箱だったからである。門口でわたしたちは、立襟のアルスターコートと山高帽子を身につけた偉そうな役人に出会った。誓って言うが、彼は女性のために荷物を持ったことは一度たりともなかった。わたしはグレッチェンを彼の両腕に押しやって、出来る限りの美辞麗句を連ねて隣りの家まで連れていってくれるように頼んだ。不思議なことに、彼は、決して愛想よくではなかったが、黙って従った。この隣人たちは、仏教の「もっとも厳格な宗派」に属していて、一度も身を低くして挨拶することがなかった。しかしながら、彼らはわたしたちのために熱心に戸を開いてくれ、わたしたちは、震えながら火鉢の上に身をかがめ、歯をがちがちいわせながら、両手を暖めようとした。そしてわたしたちは、煙がまるで汽船の煙突からでるように、小さなわが家の屋根から吹き出るのを見守った。

「みんなは僕の馬を助けてくれるの」とハーツェルは唇を震わせながら尋ねた。木の馬は日本人の友人からのクリスマスの贈物であった。それは燃えてしまったが、友人は大変親切にも男の子に別なもっと大きいのをくれた。

わたしの母と妹は、数丁離れたスノッドグラース夫妻の小さな別荘のような家に逃れた。火事の後の日本の慣習に従って、すぐに贈物が殺到した。わたしは、一羽のニワトリ、十枚の受け皿をまとめた包み、一反の服地、その他のいろいろな品物を受けとったことを思い出す。中に奇妙なことに二本のビールが含まれていた。ガルストはもちろんたっぷり言い訳してビールを辞退し、「わたしたちはビールを火事よりも大きな災いと見なす」という題目ですぐその場で禁酒講演をやってのけた。

しかし、わたしたちの本、結婚の贈物、日本では代わりが手に入らない家庭用品はそっくり消えてしまった。ガルストの軍歴の最後の名残（正装、剣、鉄帽、ウェストポイントの卒業証書）はすべて煙と共に消えた。わたしの母が教会からの贈物として送ってくれた美しい絹のキルト（その一枚はデモイン・セントラル教会からのもの）も他のものと共に焼失した。幸いにも、二本の美しい旗は、礼拝堂でクリスマスの飾りに使われ、まだもどっていなかったので助かった。一本は、オハイオのデイトンにある教会が送ってくれた巨大な米国旗で、もう一本は、わたしたちがそれに大きさを合わせて作った日本の旗であった。わたしたちは秋田を発つ時、美しい贈物をたくさんもらった。盆だけでも二十五もあり（そのうちの二つは、大変大きく、上品な漆塗りだった）、聖書研究会からの贈り物だった。わたしたちの英和聖書は、秋田で働いていた間に使ったので特に大事なものになっていたので、なくなってとてもあきらめがつかなかった。おイノさんの別れの贈物は、申し分なく優美な銀線をより合わせて作った小さなレースピンであった。彼女はそれは結婚式のヘアピンで作ったものであると言った。

「わたしには差し上げるような見事な、あるいはすばらしいものは何もありませんが、あなたと旦那さん（一家の主人）が、長い間、毎日毎日くださった牛乳で赤ん坊を助けてくれました。だからわたしたちはお印（ほんのわずかなものですが）としてこれを差し上げます」。彼女が優しい言葉を述べ終わらないうちに、涙がこぼれ落ちた。

しかしわたしたちはすばらしい御恵みを感謝していた。前夜、キリスト教徒たちは祈祷会のためわが家に来ていた。というのは、わたしは病気のため礼拝堂に行けなかったからである。寒い嵐の晩で、火は勢よく燃え盛っていた。わたしたちが床に就いた後に火がくすぶり真夜中に燃え上がらなかったのは何故だろうか。雨戸は凍りついていて、あちこちにしか出口がなかったので、命が失われるのは避けがたかったであろう。従って、母がすすり泣きながらほとんどガルスト氏の両腕の中に倒れそうになった時、ガルストは明るい声で、「麦がみな助かったのに、どうしてもみがらのことで泣くのですか」と言った。

ケンタッキー流の歓待の手が、スノッドグラース夫妻によってわたしたちに進んで差し伸べられた。夫妻の家は大変小さかったので、隣にあるこぎれいな礼拝堂がつい立てによって仕切られ、家が借りられるまでわたしたちが生活できるように整えられた。

仙台のムーア夫人（オランダ改革派伝道団）は、クリスマスの宝物を失ったハーツェルとグレッチェンを慰めるために、おもちゃと結構な品物を詰めた箱を山々を越えて急いで送ってくれた。ミス・ジェシー・トランキー（今ではエドウィン・レイトン夫人で、アフリカと中国の両方のわたしたちの伝道団で奉仕している）が送ってくれた大きな宣伝用の絵は、数年間わたしたちのほとんど唯一の絵であった。

わたしたち特有の慣習により、損失を家主に弁償するという約束に忠実に従って、焼失した家の代償として、家主にみすぼらしい古い掘立て小屋に恐らく相当すると思われる九十ドルという莫大な額を払った。

珍しい結婚

次に、わたしたちの心を奪うような興味をひき起した事柄は、結婚式に出席するために東京に出発したことであった。マックリン博士とミス・デラニーの結婚は、花嫁が米国人で、花婿がカナダ人、従って英国旗の下にあるという国際的出来事であった。ガルストとわたしの母は若い人々に同行することになっていた。わたしたちは今や宿無しで、わたしも体の具合が悪かったので、横浜で冬を過す方が賢明であると思われた。しかしながら、とくと考えてみて、わたしたちは仏教徒たちに大喜びする機会を与えまいと決心した。彼らは既に火事は神々の裁きだと言っており、もし裁きが明らかにわたしたちを町から追い出すところまで行ったら、陽気に騒いだことだろう。そこで、ハーツェル、グレッチェンとわたしは〔一行を乗せた〕そりが揺れながら町から出て行くのを見守った。自分たちは雪に覆われた山々を越える長旅をしたくないのだと信じこもうとした。ガルストが母と戻ると、わたしたちは別の草ぶき屋根の下に居を定め、その冬は、特別な事件もなく過ぎた。一歩一歩足を運び、働き、勉強をし、会合や社交的集まりに出かけ、静かに家庭生活を営んだのである。

わたしの健康は相変らずすぐれず、春にはスカダー医師の勧めに従って、わたしたちは、南の方にある港、新潟に治療を受けに行った。年下のスカダー医師の祖父は、一八一九年にニューヨークで開業している間、患者が着くのを待ちながら、医療伝道の小冊子の頁をぼんやりと走り読みしていた。彼は、外国での仕事への招きに深く感動して、夫人と相談し、夫妻はまもなくセイロンに向い、その後インドで宣教師となった。スカダー夫人はインドで三十年間奉仕し、博士は三十六年間働いた。夫妻には七人の息子と二人の娘が与えられ、この家系から三十人の子孫がインド伝道に生涯を捧げ、総計五二九年に及ぶ奉仕をした。ヘンリー・マーチン・スカダー夫妻は、もはやインドの気候に耐えられないので、三人の子供たち、つまりドリーマス博士とミス・ケイティーと一緒に日本にきて住んでいた。この神に捧げられた家族と交際するのは、すばらしい特権であった。年長の医師は、日本での伝道の業の独特の緊張を痛感していた。彼が、インドにおける事情と比べて特に強調した一つの事は、訪問の作法であった。インドでは、訪問者は家を辞する時を知らされるのを予期し、主人役の意向を待ちもうける。日本では、たとえ空が落ちるところでも、人は一切を差し控えなければならない、説教、手紙書き、言葉の勉強、何やかやが差し迫っていても、夜昼の何時でも、何時間でも客に至極丁重に接しなければならない。スカダー博士は、このことだけでも日本に神経衰弱が多い非常に有力な理由だと考えた。

年上のスカダー夫人は決して讃美歌集を必要としなかった。夫人はそれを編集したことがあり、讃美歌は残らず暗唱していたからである。彼女は、両手を組み目を閉じて、敬虔な歌声に加わった。彼女の気高い顔は、信仰と平和の美しい模範であった。わたしたちは、初めてインドに渡る時に必要であった何ヶ月にもわたる海の旅についての話に決して飽きることなく耳を傾けた。「船室の唯一の明かりは、頭上の甲板にある三十センチ平方ほどの窓から入ってくるもので、主人が行きつ戻りつする時、彼の足はしばしばそれにかぶさり、下の暗がりは今までよりも濃くなりました」と彼女は言った。ある航海の途中、火事が起こり、船内の英国兵士の完全な統制のおかげでやっと助かった。兵士たちは、二列に向き合って、びくともせずに水の入ったバケツを持ち上げ、空のバケツを下ろした。しかしながら、船を救う上でもっとも有効な力は、火薬が保管されている場所を知っていた一人の男の勇気であった。彼は火を潜り抜けてそこにたどり着かねばならず、哀れなほどやけどしたが、爆薬を海に捨てることが出来た。夫人は、子供たちを眠りから起こし、服を着て救命艇に乗り移る用意をするよう話した時、彼らが立派な態度であったことを語った。新潟滞在は大変役に立ち、わたしたちは伝道の業のための元気と決意を新たにして鶴が岡に戻った。

一八八九年の秋にわたしの母は、南京に発った。旅の一部である人力車による行程はガルストの世話になった。仙台が最寄りの鉄道駅であった。母は人力車から乱暴に投げ出され、腕は重いけがをした。ガルストの旅券は仙台から数時間乗物で旅する範囲に入ることを許されなかったが、彼は当局の指示にさからい、仙台の友人たちに無事に母を引き渡せるまで母と旅を続けることを決心した。ガルストが事情を丁重に説明すると、干渉されずに旅を続けることを許された。このことは、日本人が老人を尊敬している大きな証拠であった。しかしながら、当局はガルストが仙台に泊ることを許さなかったので、彼は夜のうちにすぐ旅券が認める限界まで戻らねばならなかった。

直枝さんの話

一八八九年の秋に新たな変化が生じた。スノッドグラース夫妻が東京で働くために去り、ミス・ジョンソンが秋田から鶴が岡に来たのである。

八九年と九〇年の冬には、かなりの進歩が現われた。土地の婦人会がわたしたちを集会に招き、衛生、育児、料理などあらゆる家庭の問題についての話を喜んで受け入れた。この催しはわたししたちの知人を増した。それはまた幸せな進歩を示した。というのは、女性たちは一人を除いては、キリスト教徒でなかったからである。偏見は確かに薄れつつあった。

わたしたちは、町の別々の地区で三つの日曜学校を開いていた。そのうちの一つは、路傍の店の奥の部屋で行われた。皆が日本式に畳の上に座っていた。その部屋はいつも大変混み合っていたので、教師たちが立っている余地がほとんどなかった。多くの年上の姉妹たちは、赤ん坊を背負って来るか、家にいるかのどちらかを選ばねばならなかった。赤ん坊がむずかると、姉は真中に立ち、その子を静かにするため左右にゆっくり揺さぶって、自分の体を一種の揺りかごにした。何人かの年若い子守りたちが同時にこのような動作をしていても、わたしたちは歌ったり教えたりして、静かに授業を続けた。

ある寒い冬の日、この学校に一人の哀れな小さい浮浪児が来た。彼女はぼろを着てきたならしかった。髪は間違いなく何ケ月もくしですいた様子がなかった。不潔なもつれた髪には害虫がはっていた。わたしが住んでいる所を尋ねると、彼女はびっくりして後にさがった。日本人でさえもこの子には近づけなかった。彼女は小さな野生動物のように見えた。わたしたちはそれ以上彼女に注意を払わなかった。というのは、彼女がこわがって逃げて行くかもしれないと心配したからである。

ミス・ジョンソンは、学校が終わるとすぐに事情を調べた。ミス・ジョンソンは、その直枝の母親が、六年前、彼女がたった二歳の時、亡くなったことを知った。父親は、病弱で体が不自由で、古いもつれた棉を打ちのばして、二人のための生計をかろうじて立てていた。親子の貧しい「家庭」になっている納屋の二階のような部屋には、棉を打つからさおの「とん、とん」という音が聞え、彼は恐らく月当り六十ないし七十セントの金になんとかありついていた。彼はミス・ジョンソンが小さな娘を家に連れていくことに同意した。よごれた髪のかたまりに触れようとする床屋は一人もいなかったので、ミス・ジョンソンはしつけていた少女の一人と、その子を裏庭まで連れて行き、虫だらけのぼさぼさのかたまりを切り落し、毛布にくるんで、彼女を風呂場まで運んだ。その途中、彼女はずっと足をばたばたさせ泣き叫んでいた。彼女は、六年間一度も風呂に入ったことがないと言った。また自分が殺されると思い込んでいた。

ミス・ジョンソンはその手に負えない子供との骨の折れる戦いを続けた。直枝は盗んだり、うそを言ったりし、大体においてぐれていた。ミス・ジョンソンは直枝が家にいる他の子供たちに悪影響を及ぼすのを心配して、さじを投げて、その戦いをあきらめる誘惑にさそわれた。ガルストは、その子は他のどの子よりも目をかける必要があると強く言って、彼女を励ました。

フィラデルフィアの女性団体がかねてミス・ジョンソンに手紙を書いて、子供を一人家に引き取って、彼女を助手として育ててもらいたいと頼み、ついてはその費用は払うからと言っていた。ミス・ジョンソンはこのわがままな貧しい子のことを書き送り、恐らくこんな見込のない代物に金をつぎ込む気持はないだろうとそれとなく言ったが、答えは、「世話を続け、彼女のためにできることは何でもやってください」というものだった。そこで、簡単に言うと、祈り、家庭の他の少女たちの愛情に満ちた助けと他の多くの要素（何と言っても、ミス・ジョンソンの辛抱強いしつけが主な人間的要因となり）が相まって、このほとんど悪魔に取りつかれた子供を生れ変わらせた。彼女は有能で信頼の置ける女性に育ち、ミス・ジョンソンの家と仕事における頼りになる助手となった。

数年前、アメリカへの休暇を計画している間に、ミス・ジョンソンは、「わたしが留守の間どうするつもりなの」と直枝に尋ねた。

「もし道ばたに小さなお店を出せさえすれば、先生が教えてくれた通りにパンを焼いたり、ゼリーやジャムを作り、それを売って父とわたし自身を養うことができます」という答だった。

そのようにして小さな店に必要な品が整い、ミス・ジョンソンは横浜に発った。そこで汽船を待っている間に、直枝からの手紙を受け取ったが、中には二円（アメリカの一ドルに相当する）の為替が入っており、小さな店を出す用意をしているうちにアイヴォリー石けんを忘れていることに気がついたので、二円分を送ってもらえないか、「アイヴォリー石けんがなければ生きられない」からと書いてあった。石けんは早速送られた。

故国で「骨休め」をしている間、ミス・ジョンソンはあちこちで自分の仕事の話をした。オハイオのカーセッジで直枝が生れ変ったいきさつを話すと、聴衆が並々ならぬ興味を示すのに気づいた。集会が解散すると、子供の時から彼女と知り合いであった牧師は、「ねえ、ケーティー、ここでアイヴォリー石けんの話を持ち出すなんてなかなか気がきいていたね」と言った。
「いいえ、私は何も『気をきかした』つもりはありませんよ。ただわたしの仕事中に起こった出来事を話しただけですよ」とミス・ジョンソンは答えた。
「実は、うちの教会の執事と長老たちはアイヴォリー石けんを作っている人々です。彼らが、外国伝道の場から今までに聞いた一番良い話は、六年間も風呂に入ったことがなく、数年間キリスト教のしつけを受けてから自分たちの石けんがなくては生きられなくなった、小さな『異教徒』の話だと思っているのです」と牧師は言った。

次の日この人々の一人から十ドルの為替が送られてきた。添えられた手紙には、自分たちの石けんをそんなに大事に思い、そんなにりっぱに父親を養おうとしている日本の若い女性にこの金を送って欲しいと書かれていた。

ところで、十ドル(二十円)は貧しい日本の少女にとってはかなりの金額であった。少女たちに多額の金を与えず、むしろ自分で彼女らの必要に備えるのがミス・ジョンソンの習慣であった。しかし直枝を苦しめている差し迫った事情を思い出して、彼女はその金をそっくりすぐに送った。折り返しに返事が届いた。直枝は懐かしい「先生」と親切な恩人に感謝し、金は父親が亡くなった当日に届いたが、葬式の費用をどうして払ったらよいか心配していたところだと書いていた。

今では直枝は結婚して五人の子供の母親である。彼女は夫を助けて、北海道の中心都市である札幌で小さな家を買った。ミス・ジョンソンはそこに直校を訪れた。彼女は子供たちを小学校と日曜学校に通わせている。一九一一年の春に、彼女は四人の上の方の子供たちを夫と「おばさん」に預けて、ミス・ジョンソンを訪ね、その親切に感謝するために、東京までの約一一〇〇キロの長旅を赤児を連れてやって来た。

9 真理と誤りの戦い

偶像崇拝

鶴が岡のわが家から道路を隔てて真向いにある古い城の構内は、わたしたちの幼い子供たちの楽しい遊び場であった。ある日、家の使用人のおヨシが彼らと一緒に大きな木の下にいる時、彼女はちょっと用事があると言って、稲荷（稲の神）の社まで行った。その神は狐を召使にしていた。彼女はわらの綱によって鈴を引き、両手を鳴らして頭を垂れた。ハーツェルは、この時はじめて家の者が偶像を拝むのを目にした。おヨシが拝み終えると、彼は大はしゃぎして踊り回って、「いいぞ、いいぞ。またやってみれ。またやってみれ」とはやし立てた。

おヨシが驚いた顔をすると、「お前の神様たちには耳はあるが聞えない。目はあるが見えない。ぼくはこんなものは拝まないね」と彼は言った。おヨシは考えこみながら家に帰った。彼女は二度と再びあそこで拝めないと言った。それからまもなく彼女はキリスト教徒になった。一九〇三年にハギン氏は、「この狐の神の社への道には未だに人々の足が絶えない。しかし、小さな子供はこの神に致命的な一撃を与えたから、いつの日かよろめき倒れるだろう」と書いている。

特別な祭の際には、朝の三時から深夜まで稲荷の鈴の音が聞えた。拝みに来た多くの女性たちの美しい着物が目についたが、彼らはいかがわしい性質の女性で、商売を営むのに役立つ悪賢さを狐の神に求めにやって来るのだという話を聞いた。

ガルストはある時、鶴が岡の近くにある神聖な「月」山に登った。ガルストと同行のキリスト教徒たちは、荘厳な日の出を見るために夜を頂上で過したが、そこに近づいた時、ガルストは日本海の彼方に日が沈む様子を見守った。皆その光景にうっとり見とれていた。キリスト教徒でない別の一行も同様にその眺めの美しさに感動していたが、彼らには創造主のことは念頭になかった。その中の一人が腰から筆と矢立てを取り出して、狭い木の板に漢字で、「西方の眺めの神へ」と書き、その板を地面にしっかり立てた。続いて山に登って来る偶像崇拝者たちは、にわか作りの社を見て立ち止って拝むことであろう。神はほとんど即座に造り出されるのである。

数年後のある日、東京の通りを人力車に乗って行く途中、車夫がだしぬけに止って稲妻で皮をはぎ取られた木に注意を向けさせた。

「雷神が先日の晩、爪で引っかいた跡を見なさい」と彼は恐れで目を見開きながら叫んだ。

さらに、早朝、太陽を拝みに家を出てきた人々で、村の通りが一杯になるのが見える。結局、神の啓示を受けていない人間が、自然の恐ろしい顕現を恐れ敬うのはさして驚くに当らない。台風にさらされ、地震に揺さぶられ、津波に襲われる小さな日本。哀れな国民が、超自然的存在として心に訴えるものの恩恵を、捧げ物や祈りによって得ようとするのはそれほど不思議ではないのである。

一通の手紙

一八八九年の冬は、北日本では、稲の凶作による部分的飢きんのため暗いものとなった。鶴が岡の百世帯からは「白い水の流れが止った」のである。これらの家庭では米をとがなかったからである。代用食は、根、草、豆腐かすで、全く栄養にならなかった。豆腐かすは腸の刺戟物で、赤痢やそれと似た病気が流行していた。このような年月の間、医師がどんな病気がはやっているかと尋ねられると、とりわけ、「発疹チフス」と言わない時はほとんどなかった。それもそのはずで、人々は大変混み合っていたので、春になると、青ざめやせ細ってぴったりしまった家々から姿を現わした。わたしたちは、ひどい肉体的苦しみと欠乏の跡を表わしている多くの人々に出会わねばならないので、むしろ、戸外の運動を控えようとよく言った。

大事な客人たち

一八九〇年の春に、ガルストは上海で行われた、中国で働く宣教師の会議に出席した。ガルストの留守の間に、スミス夫人が病気の赤児ユリエル坊やを連れて秋田から家に来たが、その子は栄養失調にかかっていて、どう見ても死にかけていた。人力車に揺られた一六〇キロの難儀な旅であったが、それはあり余るほどの償いをもたらした。というのは、環境の変化とガルストの実際的才能と行動力のおかげで、わたしたちが持っていた上等のミルクは〔病気の子供に〕驚くほどよく効いた。病人はまずまずの状態で家に連れ帰られたのである。

南京のE・T・ウィリアムズ一家が夏の間数週間わたしたちの所で過した。ウィリアムズは外国宣教師団の一員であり、わたしたちの宣教団の伝道計画の変更についての話し合いに熱心に加わった。ガルストは年来帝国における政治的、社会的、文化的影響の中心地である東京で活動を始めることを力説していた。日本から八千キロ離れたアメリカにいる時は、ウィリアムズはこの活動計画に乗り気でなかったが、〔日本の伝道〕事情を個人的に観察した結果、その提案が妥当であることを痛感した。秋にスミス夫妻、ミス・ジョンソンとミス・ハリソンは東京に移った。

ウィリアムズ夫人〔結婚前はケンタッキー州レキシントンの故チャールズ・ルーイス・ルーズの

娘、キャリー・ルーズ）の重い病気が、一家が日本に短期間しか滞在できなかった理由であった。本当に、この二人のすばらしい人々と彼らの聡明な男の子たち、エドワードとルーズと、「湯野浜」で一緒に過すことができたのは喜びであった。ウィリアムズ夫人はだれとでも親しく交わり、いろいろとおもしろい話をして、そしてわたしたちのキャンプ生活のあらゆる面に対して熱心な反応を示した。彼女は、少しでも〔病気の〕苦痛を免れた時はいつも、小さな仲間の正に興味の中心となった。ハーツェルとグレッチェンはそれまで外国人の遊び友だちとの交わりを一度も楽しんだことがなく、エドワードとルーズも南京の高い壁の陰にとじこめられていたので、海岸の別荘の自由は、日本の行楽地には避け難い欠点にもかかわらず、彼らには嬉しかった。海の中や砂浜での浮かれ騒ぎあり、岩の間のすばらしい探険ありで、日々は一つの長いピクニックのようであった。しかし中でも一番楽しかったのは海岸の夕で、わたしたちは讃美歌や大学の歌を歌い、四人の子供たちは提灯をともしてあたりを練り歩いた。わたしの母も、一年半前にわたしたちの所を離れたマックリン夫人、それに丸々と太って陽気でちいちゃな赤ん坊セオドアもいた。マックリン博士は夏の終わりまで南京にとどまっていたが、彼の家族のために〔日本に〕来た。ウィリアムズ夫人は転地のおかげで丈夫になったが、命を弱らせている病気は直らず、一年後に手術を受けにアメリカに帰った。絶えず苦しんでいたため一層つらいものとなった長い帰郷の旅の間、夫人は船の上でも汽車の中でも毎晩、「たえなるみちしるべのひかりよ」〔讃美歌二八八番〕を歌っていた。

ウィリアムズ夫人が手術直前に友人に宛てた手紙の中で書いた予感は現実となり、静かに苦痛から天国の平安のうちに入った。

東京に伝道所を設ける計画は容易ならぬ変化を必要とした。ヴァージニアのプレストン・B・ホールは短期間秋田にいたが、重い肝臓病のため東洋に留まることができなくなった。秋田は日本人の働き人の手に任された。わたしたちだけが鶴が岡に残っていた。わたしたちがキリスト教伝道の沈滞期のただ中にあったという事実は困難を増大させた。この状況は一八八八年以来帝国中に程度の差こそあれ多少とも感じられていた。この事の一つの理由は、主として条約改正の失敗による激しい排外感情であった。世界の国家のグループの中で平等の地位にためらいなしに入ることが認められなかったので、日本の誇りがひどく傷つけられたのである。

キリスト教の教派の増加も理解に苦しむもので、強い反感を生じがちであった。「キリスト教徒になりたいのですが、二十人も三十人も違ったキリストがいるのですか」。「どの教会が正しいのですか」。「どの教会に入ったらいいかどうして分かるのですか」。以上のような質問がよく出された。根本においては福音主義的な団体は事実上一つではないかと言うと、「ではどうして本当に一つになれないのですか」という答が返ってきた。幾つかの主要な点では完全に一致しているわけではないと認めると、「ではもしあなた方がこれらの問題を解決していないのなら、どうしてわたしたちにそうするよう要求するのですか」と相手はそれに答えたのである。進歩が明らかに足踏みしている、いやむしろ少々後退しているように見えた近年の緊張は大変なものであった。ふるい分けの時が訪れたのである。揺がぬ信仰の持主だけがその試練に耐えることができた。

仏教の僧侶について

秋田や鶴が岡では、ナイフやフォークやスプーンを一度も扱ったことがなく、食卓の作法を全く知らない多くの客がわたしたちの食卓についた。ある仏教僧侶は、ガルストがしきりに招くので、ある日の夕方夕食まで留まった。わたしは、彼が肉料理は断わるものと思っていた。というのは、正統派の仏教徒によって厳禁されているからである。しかしながら、彼は是非西洋料理を試食したがっているように見え、その時だけは一切の偏見を捨てた。わたしは彼が代りの料理を食べられるように、オムレツを急いで作っておいたが、彼は肉をたらふく食べ、日本の良い作法では、尊重を示す大きな音を立てる吸い方で、茶をすすった。ハーツェルは笑いをこらえるのに苦労し、僧侶がゆっくりと半切れのパンにバターを塗り、それを折り重ねてすぐにそっくり口の中に入れると、口にナプキンをぱっと押し当て、女中の陰に隠れて部屋から飛び出して行った。最後に、僧侶は、それがなければ肉を平らげられないのではと心配して、酒を少しもらえないかと尋ねた。わたしたちは酒は飲まず、家の中にもないと聞くと、彼は驚いた。それから彼は煙草を吸いたいと言うので、わたしたちはそれを彼の「心のかたくなさ」の故に許したが、わたしたち自身では大変迷惑だった。わたしは、彼が何と言うか知りたくて、結婚しているかと尋ねると、きまり悪さなどない全くあからさまな様子で、結婚はしていないがめかけは三人ほど囲っていると答えたものである。彼はもてなしに大いに満足した様子で、半ば飢えているように食べ、家を去る前にたっぷりとお礼を言って、「おなかの虫が西洋料理の御馳走を食べてびっくりするでしょう」と述べた。

この僧侶は本当に「代表的」だと言えるだろう。もっとも、嬉しいことに、まれな例外も見受けられる。数名の僧侶はまじめで立派な人々で、信仰の改革と民衆の向上に熱心に取り組んでいる。

孤独な冬の働き

日本人がはっきりと反抗を示すこの緊張の多い時期の間、ガルストは、わたしが仕事に協力できないという別な試練にも襲われた。というのは、わたしは九〇年と九一年の冬、肉体的に「ドック入り」していたからである。歌は集会をもり上げるのに大変重要であったが、ガルストはこの点で全く才能がないため、音楽の助けはわたしに頼っていた。だからなおさら、これはガルストにつらいことだった。

エディソンの謄写版印刷機を使って、小冊子を書いて配布する面で多くの経済上のまた大部分の教育的な仕事が行われた。ガルストはフールスキャップ判〔一七×一三・五インチ〕の薄い丈夫な紙を使った。多くの貴重な小論文が広く配布され、しばしば夕方の研究の大要が、集会の終りに聴衆に渡された。平均の日本の男性の身長は一六〇センチほどなので、ガルストは二〇センチばかり背が高かった。街頭で人々が印刷物をもらおうとして、場合によっては騒々しくまわりに押しかけた時、ガルストはあいそよく片手を上に伸ばして、皆が欲しがる宝物を彼らの手がとても届かない所に置いて、「辛抱強くしさえすれば、みんなに一枚ずつあげます」と言うのだった。この仕草はいつも群衆を大変面白がらせ、また感心させた。この冬の間、日本語でも英語でも多くの論説が新聞や雑誌にガルストの署名入りで載った。

この頃、「クリスチャン・コモンウエルス」紙の「貧困欄」が、「単税論」を主張していたヘンリー・ジョージの運動に注意を向けさせていた。ガルストは当時この運動の研究に取りかかり、ダブの『人類進歩の理論』やヘンリー・ジョージの『進歩と貧困』を研究し、実行に移せば社会事情を大変革する説に熱中した。日本における貧困についてのいくつかの情報によって、貧困問題は、宣教師たちの避けることのできない重要な課題であることが、認識されたのである。

「わが国の農民の状態」についての次の情報は「ジャパン・タイムズ」紙の最近号から取られたものである。日本の全人口の六割は農業によって生活している。そのうち四千平方メートル余りの土地を所有する小農は四六・六八パーセントである。四千平方メートルに満たない耕地の価格は、法定評価額では二二五円である。実際に買い手がつく値段はその四ないし五倍、つまり九百ないし一一二五円である。普通の農業収入は六パーセントで、十パーセントを手に入れるのは難しい。税を払うのは難しいので、最近では五〇万人近くの滞納者がおり、五万件の財産が差押えられ、一万件近くの強制立退きが執行された。

子供たちの友

子供たちのための日曜学校はわたしたちの仕事の非常に重要な部分を占めていた。しばしばそれは、貧しい子供たちの昼間学校と結びついていた。彼らの親が公立の学校に通わせる余裕がなかったからである。政府は学校を名目上は無料にしていたが、それは小額の授業料を要求しており、それにまともな衣服と本の費用は〔子どもたちが学校に通う〕妨げとなっていた。もちろん子供たちは教化を受けるもっとも有望な土壌として強く心を引き、わたしたちは、後になってきっと成果が得られると思って、子供たちに偶像を嫌う気持を植えつけようと努めた。ああ、これらの子供たちは何とたくさんいたことだろう。貧しい人たちの間では中庭など無縁なので、子供たちは寺の境内に群がるか、路傍にむしろを敷いて、「ままごと遊び」、「孤とがちょう遊び」、「陣取り」、「目隠し遊び」、「鬼ごっこ」やそれに似たものをやり、歩行者、人力車夫や乗物は子供たちの遊びのために、親切によけてくれた。冬になると彼らは鉄張りの木靴をはいて雪の坂を滑り降りるが、手足には衣服をつけておらず、着物を冷い風にはためかせ、しばしば寒い気候にさらされて、ひどくあかぎれができた足首やすねをむき出しにしていた。

わたしたちはクリスマスを重んじた。それは日本中ですばらしい日になっている。仏教の僧侶でさえも、それに匹敵する呼物の必要を悟って、日本人が偉大な仏陀と呼ぶ釈迦の誕生日を制定した。北国でのこの最後のクリスマスに、ガルストは特別な呼物としてサンタクロースの役を演じた。ガルストはすばらしく着飾っていた。見事なコートは白てんをまねた棉の帯で飾られており、ダイヤモンドの粉末できらめく深紅のひだでおおわれ、鹿皮のゲートルには棉の雪が点々とついて、中でも一番上の方には、白く輝くとんがり帽子がそびえていた。長い雪のように白いあごひげがその驚異の姿に色どりを添えていた。十分に子供のためを図って立派な催し物が繰り広げられ、それから二メートルもある不思議な人物が礼拝堂に大手を振って入って来た。最初は子供たちはこわがったが、優しい友だちであり先生である「ガルスト様」の声を聞き分けると陽気に騒ぎ出した。さらに一層彼らを元気づけ喜ばせるために、ガルストは木からみかんをもぎ取って左右に手早く渡した。しかし木にはどこにもろうそくが燃えていて、火は氏の手首の回りの棉の白てんに似せた帯につき、高い帽子まで燃え上がって、頭と顔を炎で包んだ。それはぞっとするような瞬間だった。ガルストは、完全な平静さを保ち、背の低い日本人では自分の雲突くような高さに届けるはずがないことを悟り、床の上にぺったり横たわると、ガルストを心から愛している友人たちが羽織を脱いで、恐ろしい火を包んでもみ消した。しかしガルストは全くみじめなほどやけどした。何週間も哀れな鼻、手首と耳は、まことにありがたい救出の出来事を痛々しく思い出させた。

断片録

わたしたちの休暇の時は迫っていたが、これらの開拓地の仕事から離れる前に、わたしはいくつかの点を強調しておきたい。まず第一に、伝道者のホームの深い意味を述べさせていただきたい。ホームという魔法の言葉は、わたしたちには大変大きな意味を持つものであるが、非キリスト教国では目に見える形で示されなければならない。日本語にはホームに相当する語はない。この英語が主に借用されているのである。それは翻訳できないのである。わたしはかつて、数年アメリカで暮したことのある日本人が、アメリカで目にしたことの中でもっとも注目すべきだと思ったものは、クリスチャン・ホームだと日本の聴衆に語るのを聞いたことがある。

食事の時に食卓を囲む家族の姿は、その日本人には印象的であった。日本の家庭では妻が家族に給仕し、その後ひとりで食べる。

わたしたちが秋田で暮すようになってから数ヶ月後、ある銀行家がガルストに、「家内を訪ねて聖書研究会に誘ってくれるように奥さんに頼んでくだされればありがたいのですが。家内に、奥さんがお宅でしているように取りしきり、奥さんがお子さんを世話しているように子供たちを世話し、奥さんが先生を扱っているようにわたしを扱うことを学ばせたいのです」と言った。夫人は招きに喜んで応じ、わたしたちと数週間付き合った後、ある日おずおずとした日本流の言い方で、「主人を訪ねて聖書研究会に誘ってくれるように先生に頼んで下されば有難いのですが。主人に、先生が奥さんを扱っているようにわたしを扱い、先生がお子さんを世話しているように子供たちを世話することを学ばせたいのです」とわたしに言った。秋田の人々には、男性が妻の健康がすぐれない時に彼女を思いやり、子供が病気の場合や家庭に特別な重荷が押しかかってきた時に責任を分ち合うのを見ることは驚きであった。

ガルストとわたしが並んで通りを歩く光景は、全くサーカスに等しかったのは確かである。日本人の妻は夫の二、三歩後を歩き、運ぶ荷物がある場合には、それを運ぶ幸せな特権を楽しんだ。

わたしたちが一緒に出かけられるように、二人乗りの人力車を注文で作らせ、二人、時には三人の車夫に引かせた時、〔それを見ることは〕人々の大変な楽しみのもとになった。天皇が一八八九年二月の憲法発布の際、皇后をかたわらに座らせて東京の通りを馬車に乗って行った時、日本の女性にとって新たな日が明けた。そのすばらしい日の前は、皇后はいつも行列中の数台後の馬車に、女官たちと一緒に乗って行ったからである。

宣教師の乳児は美徳を生ずる力である。彼は座を打解けさせ、ほかの家族ではとてもできないほど親しい関係を作り上げる。小さな王さまの威厳は日本人の親に深い感銘を与える。彼がひとり、いとも健やかに横たわっている小さな寝床、規律正しい授乳、運動と睡眠、健康に悪い食品についてのしつけ、子供の養育のこれらの面は伝道の初期には全く見慣れないものであった。わたしがわがままという理由でハーツェルの手をはじめてぴしゃりと打った時、おイノさんは、どうする積りなのか分らぬうちに、わたしのひざから彼を引き離した。しかし彼女は生きながらえて「子どもが成長した姿を見ることができたので」、幼児にさえ従順を要求する利益が分った。

わが家の壁にかかる地図は多くの注意を引いた。「日本はどこにあるのですか」という質問がよく発せられた。小さな島国の位置が指し示されると、驚きは限りがなかった。「それが大日本ですか」。片隅のその小さな点に過ぎないのかというのである。わたしたちが、国の大きさは必ずしもその勢力あるいは偉大さの範囲を定めるものではなく、主要な世界列強の一つである英国は日本位の大きさである、と説明すると、自尊心が傷ついた質問者は少々励まされた。

わたしたちはまた、「イエスはアメリカに生れたのですか」とか「イエスは西洋の人ですか」という質問を受けた。イエスは人間の立場では東洋人であるということは、多くの人々にとって新たな興味をそそる考えであった。こよみは、世界におけるキリスト教の正当な地位について教える可能性の広い展望を繰り広げた。わたしたちが関わった多数の人々には、古い時の計算の仕方からの変化の深い意味は、おとぎ話のように不思議なものであった。

記念碑や共同墓地の写真も驚くほど役に立った。というは、先祖崇拝を非難する余り、わたしたちが死者を顧みないという漠然とした印象以上のものがあったからである。西洋の墓地の神聖さは目を見張らせるような新発見であった。例えばグラント将軍の場合のような、アメリカでの盛大な葬儀についての報告は、良い印象を与えるのに役立った。

時折、訪問者が菓子折りを渡し、深々とお辞儀をして、「イエス教会の会員」にしてもらいたいと頼んだ時、わたしたちは驚いた。仏教徒は生き方を改める必要はなく、寺に名刺を差し出しさえすれば「会員」として登録されるのは請け合いであることを考えれば、これは決して驚くに当らなかったが、わたしたちの考え方からは確かにびっくりさせることだった。

断片録増補

ある若者は絶えずガルストの書斎に現われ、キリスト教に強い関心を抱いている様子だった。わたしたちはなぜはっきり決心して教会に入らないのか不思議に思った。彼はとうとう差障りを打ち明けた。彼は父親が信心深い仏教徒で、八十歳を過ぎていて近いうちに亡くなりそうだと話した。長男である彼は、もし父親が亡くなった時、自分が仏教徒でなければ、非常に困ってしまうだろうというのである。当時墓地はすべて僧侶の手にあり、仏教は「死ぬのに必要な」宗教と認められていた。「まず、父を葬りに行かせてください」〔ルカ九・五九〕。

秋田と鶴が岡で大変親切に診てくれた日本人の医師たちに感謝を述べるのは嬉しいことである。日本の医学はドイツの流派に属していて、医師たちは優れた診察医である。彼らは子供の治療には特に申し分ない。鶴が岡の老医師、佐藤博士は医学の最先端を行っていたが、その他の点ではすべて古い日本の慣習に大変こだわっていた。患者の枕もとの椅子に座る代りに、博士はいつも長々と断り、重々しい威厳のある様子で寝床に上り、訪問中ずっと日本風に正座していた。

一八九四年、つまり今描いている時より数年後の日本には、五九七の病院、四二、五五一名の医師、三三、九二二名の看護婦と助産婦、二、八六九名の薬剤師、一六、一〇六名の薬局店主と優れた薬学と医学の学校があった。

鶴が岡での最後の夏は特にひどく湿気が多かった。二十一日の間、一度も日が出なかった。たった一時間だけは例外だったのでとうとう晴れ間が戻ったと思って、わたしたちは干すために寝具、衣服、本、家の仕切りになっているふすまさえ大急ぎで外に出した。というのは何もかもがどうしようもないほどかび臭かったからである。しかし、中庭が一杯になるやいなや、空はまたも涙もろい様子を見せたので、全部再び取りこまなければならなかった。

モリソンがわたしたちの赤ん坊としてこの世に生まれたのはこのつらい時期だった。彼の下着は、すっかり湿気を取るためにかまどの中に入れておかなければならなかった。というのは台所のレンジの周りの棚まで火の近くの側に衣類を乾かすためだけに役立ったからである。空気は湿気でいっぱいだった。十分用心したにもかかわらず、小さな子は病気がちであった。しかし、有難いことに何とか育って大変元気な子になった。

わたしたちは、伝道の場に八年間いた。しかも、たいていは日本の奥地で、何時も数名だけで、何ケ月もの間外国人の仲間なしに八年間を過した。わたしたちは、疲れ切り元気回復を必要としていたので、〔休暇を取るために〕一八九一年九月、鶴が岡を発った。愛する人々は、楽しい慣習に従って、大勢で数キロわたしたちと連れ立って歩いた。別れる前にわたしたちはお祈りの礼拝を持った。ついに、人々は、ねんごろに別れを告げた。わたしたちは無事に航海を終えて、わたしたちの愛する者たちに会ってから元気に彼らの所に戻ることを祈った。わたしたちは横浜で準備を急ぎ、バンクーバーに向かって「エンプレス・オブ・インディア」号に乗って出港した。

10　故国へ帰る

帰国の諸問題

宣教師の帰国を「休暇」と言うのは間違いである。最近まで宣教師は伝道の場から離れている間は半分か四分の三の俸給を受けていた。給料はよく見ても高額というわけではなかったから、これは大きな困苦を生じた。伝道の場ではかなり自腹を切らなければならない。本国と同様に救援事業、禁酒運動や慈善活動は支援しなければならず、協力者の数は今までのところ比較的少ない。宣教師の家は多くの場合、不幸な人々のためのこじんまりした保護所であり、あるいは若い人々のための訓練校である。来世のみが、自分自身乏しい財政基盤に置かれているにもかかわらず、時には肉体的に、常に精神的に飢えて、戸を叩く人々を追払うことができない男女の利他的な施しを明らかにするであろう。そしてこのような要求に答えざるをえないので、宣教師の洋服だんすは補充されておらず、その結果使いものにならない衣服やらひどく古臭い衣服など着て、宣教師は通例かなり古風な服装をして母国に帰る。多分彼はこうしたことには趣味がないと判断されるだろう。日本の組合派の友人はアメリカでの経験を語ってくれた。彼女はマサチューセッツの女子神学校に講演に呼ばれた。そこは彼女の母校であり、汽車が近づいた時、彼女の胸は高鳴った。昔の学校友だちが数キロ離れた駅で彼女を迎え、早口で話し合っている途中で、友人は彼女に、夕方には何を着て行くつもりかと尋ねた。

「このスカートよ。それに旅行かばんの中に入れているブラウス。新しいものではないけど十分間に合うでしょう」とその宣教師は明るく答えた。

すると全く驚いたことに友人は、宣教師が自分の風采をそんなに顧みないのは重大な誤りだと思うと言った。

「流行のガウンを着、モダンな帽子をかぶり、きれいな手袋をはめて姿を現せば、若い女性たちに与える印象はずっと良くなるでしょう。若い女性はこうしたものについてとてもうるさいんですよ」。

この言葉は火に油を注ぐようなものであって、勇敢な小柄な女性は怒りを込めた抗議をぶちまけた。なるほど、彼女が「流行」のガウンを着、「モダンな帽子」をかぶって現われればどんなに喜ばれたことだろうか。演奏会や講演会に出席したり、故国の数多くの便益を受けることを切に望んで、宣教師たちが伝道の場から帰ってみると、「休暇中は」、「全額支給」はなしという始末である。彼女の夫は仕事の「必要」をアメリカのキリスト教徒たちに教えるために絶えず旅回りをしていなければならなかったが、これらの信者たちは、特に奨められなくても、その訴えに答えなければならないのである。なぜなら世界に福音を伝えることはイエスの計画の一部だからである。「わたしたちの子供たちに不便をかけてはならず、家事を手伝ってもらうことは全く出来ない相談で、本当に夜には疲れて縫物をしたり（つまり、子供たちのためは別ですが）、繕ったりすることもできない有様です。モダンなガウン。ああ、あなた、わたしはどんなに欲しかったことでしょう」。

わたしは、「貴婦人」は完全に合う手袋と優美なハンカチを身につけているかどうかで分る、という言い伝えを聞いたことがある。それは絶対に間違いである。みすぼらしい服を着、装身具を構わなくても、もし愛する子に十分な教育を与えるために自らを顧みないならば、天において洗練さを欠くことはない。神に感謝すべきことに、神は人間のようにものを見ず、外見よりむしろ心をごらんになるのである。

バプテスト派の友人は「休暇」中の乏しい収入について話してくれた。一月わずか八〇ドルあったが、デンバーでは家賃はとても高かった。一年足らずの滞在では家具を買うのはわりに合わないので、彼らは家具と暖房つきの家を借りた。賃借料は収入の三分の二になった。

「どのように暮したか分らないわ。わたしは、洗濯、掃除、地階から石炭を運ぶのまで何でもやらなければならなかったわ」。

「ところで、Jさんは石炭を運ばないでどこにいたの」。

「彼は教会をあちこち回って、日本人がどんなに冷酷に妻を扱っているかを話していたのよ」と彼女はいたずらっぽく答えた。

幸いなことに、「休暇」中の給料を減らされる時代は終わった。帰国した宣教師が大学院の学習と補充（肉体的、知的および精神的な）の余暇を与えられる幸福な時が訪れることが望ましい。というのは、そうした補充は、次の奉仕の時期の前に是非必要だからである。宣教師は、奉仕している間、絶えず人に与えてばかりおり、自分自身の能率を高めるものを吸収する可能性がほとんどないのである。

われわれの母国

ガルストは子供たちに、彼らは星条旗の下に生まれた米国市民であると教えていた。というのは日本は、一八九九年までは世界の国家群の中に入ることが認められておらず、日本に住んでいる間はいつも、わたしたちは米国領事館当局にのみ法的責任を負っていたからである。

「エンプレス・オブ・インディア」号はわたしたちをバンクーバーの港まで運んでくれた。そこは子供たちにとっては、「アメリカ」であり、「故国」であった。陸地が見えた時、ハーツェルは帽子を振り、「とうとう僕の国が見えたよ。とうとう僕の国が見えたよ」とかわいらしいなまりで元気に叫んだ。というのは英語より日本語を上手に話したからである。いとしい子よ。わたしたちは、彼がまもなく本当の母国に行くことになるとはつゆ知らなかった。というのは、彼は、本当に天国の市民であり、わたしたちが夢見るよりも早くそこを目指して旅を進めていたのである。

長い陸の旅の後、セントポールのユニオン駅に着いたが、ガルストは手荷物のことで忙しかったので、わたしが子供たちの世話を引き受けなければならなかった。ハーツェルは六歳を過ぎていたのでよく手伝ってくれたが、四歳の「ダッチィ」は、わたしのスカートにまつわりつき、生後三ヶ月のモリソンは腕に抱かれていた。タクシーの運転手たちは叫び声を挙げ、機関車のベルは鳴り響く。この喧騒と静かな北日本との対照は耐え難いものだったので、一瞬は日本に帰りたくなった。懐かしい親類たちがその晩シカゴで迎えてくれた。彼らは改札口で待ちながら、線路の向こう側にいるわたしたちを「見つけた」。

「わたしたちの宣教師だと分った」と彼らは嬉しそうに叫んだ。そして一同が乗ったホテルのバスが音を立てて動き出した時、ハーツェルが小声で、「ママ、これが貨車なの」と言うと、人々は優しく見つめてほほえんだ。

ガルストは電報でアリゲニー市大会に呼ばれ、新日本の発展と八年間の伝道について話すためだった十分の時間を与えられたのである。一人の委員が「割り当ての時間を超過」しないように時計を手にしてそばに立っていた。

それから何ヶ月もの間、ガルストは教会から教会へと旅を続けるのに忙しかった。二一年前は「外国宣教師」を歓迎しない教会もあった。幸いにもそういう時代は今では永遠に去った。一人の長老は、「ガルスト兄弟」にうちの教会では宣教師の話を望まないことを残念ながら伝えそこねたと言った。彼はガルストに五十セント貨幣を差し出して、「ホテルに行って食事をとってください」と言った。ガルストは五十セントは断わって、食事代は自分で払うと言い、その人の金で食事をとったら息が詰まるだろうと言った。ガルストはできるだけ早い汽車でその町を出た。

しかしこの出来事は、惜しみなく与えられた歓迎とは著しい対照を成していた。多くの教会の中には花や旗を飾りつけ、祭りの際のように特別な音楽を奏でるところもあった。「本国」でのすばらしい礼拝が、英語の説教と美しい母国の音楽から長い間遠ざかっていた者の胸をどんなに躍らせるか誰にも分からない。

面白い経験もあった。ある信者は、仏陀は死んでいるのかと尋ねた。わたしたちが見かけた青銅や石の仏像を思い出して、どちらかと言えば死んでいると思うと答えた。

宣教師である母親は、召命に忠実に、家事を受け持っていた。子供たちは健康そうに見えたが、不衛生な環境に長い間暮していたので、ことによると普通より少々体が弱わっていた。とにかく彼らは病菌のよい温床であり、二度猩紅熱をわたしたちの家族の家に持ち込んだ。最初の発病の時は、ガルストはわたしと一緒にいて、ガルストの兄弟であり、わたしたちを泊めてくれたウォーレンは自分の子供たちを守るために転居した。彼は、その家のものを残してくれたので、わたしたちは、地階に果物と燃料のある美しい家に住み、女中が手伝ってくれた。またもう一つの場で病気が起る危険がすっかりなくなったと思われた時、わたしたちは二軒離れた兄弟のエドワードを訪れ、そこでモリソン坊やが倒れた。ガルストは、五十もの会合の約束があって留守だった。しかしモリソンは、とても病気が重かったが回復し、伝染は止んだ。これは心から感謝すべきことだった。

ある日の夕方、病人たちが治り、幸せな再会した一家が書斎の机の周りに集まった時、誰かが、「マックギンティーは海の底に降ちて行った」と歌いながら入って来た。

「マックギンティーって誰」と私は何気無く尋ねた。

わたしの妹は縫い物を落して、ぽかんとした顔つきでわたしを見た。

「まあ、マックギンティーのことを一度も聞いたことがないなんて、あなたが、エドワードの言葉で言えば、『はるかかなたに』住んでいたことがこれでよく分りましたよ」。

わたしたちがシカゴの近くのフォート・シェリダンを訪れた時、ガルストの前の上官は美しい「兵舎」を案内しながら、「また軍隊に戻りませんか」と笑いを浮べて言った。

わたしたちは、貧しい設備、雨露をしのぐみすぼらしい現地の家、そして直面せねばならないあらゆる障害にもかかわらず、一時たりともそんなことを考えたことは決してない、と心から言うことができた。全力を尽して悪の風潮に立ち向い、「最果ての地」のためにできる限りのことをしながら、わたしたちはそれを貴い特権と思った。

ナッシュヴィルにて

帰国したばかりの数名の宣教師は、一八九二年の秋ナッシュヴィルで開かれた全国大会に出席した。いくつもの会合は、礼拝中の楽器による音楽の使用に否定的で、また組織的な海外伝道に反対している教会で行われた。わたしたち素朴な西洋人に、説教壇のうしろに描かれた美しい景色は、疑いなくヨルダン川の岸を表わすつもりであり、洗礼室にふさわしい背景となるようにデザインされていた。そして、建物のあちこちにその他様々な念入りの調度があった。これらは、使徒教会の単純さとは著しく対照的であるように見えたが、善良な人々から成るこの会衆は使徒教会の慣習を復原しようと努力しているように思われた。わたしたちが詰め物をした座席の真赤な布張り地をじっと見ていると、ガルストは軽い皮肉を込めて、「こういうのは漁に行った時ペテロが座るのに使ったのとそっくりだと思うよ」と言った。

極めて神聖な思い出に残るA・M・アトキンソンは、代表としてその場にいるそれぞれの宣教師の家族に美しい米国旗を贈呈した。受領者たちを代表してこの旗を受け取るのがガルストの務めとなった。ガルストは「十字架の血染めの旗を除いては」これ以上に神聖で貴重なものはないと言った。

宣教師たちはそれぞれ異なった伝道地の言葉で歌うように求められた。皆はそれに応じたが、ガルストだけは歌が苦手だったので断った。聴衆はどうしても歌うようにと言った。他の宣教師にひけをとるまいと、ガルストは演壇の前に出て、自分は赤子にしか歌わないが、彼らの大好きな子供歌は、愛する日本の北国、秋田の歌であると言い、日本語でものうげな声で歌った。「うさぎ、うさぎ、なぜ耳長いぞ。あっちの子供聞きたいぞ。こっちの子供聞きたいぞ。それで耳は長いぞ」。聴衆は耳がつぶれるほど拍手喝采し、ガルストは議事録に特記されるただ一人の歌手となった。

暗い陰

「母国」の一年は夢のように消えた。わたしたちは、自分たちが腰を据えた土地へ今一度の旅を熱心に計画したが、その土地は、その暗さとその必要を、恵まれたアメリカの明るくすばらしい利点と比べる時、さらに一層大切に思われた。ちょうど体が不自由で病弱な子供が、健康に恵まれた子供よりわずかながらかわいいのと同じである。

ガルストは、かなり困難な手術を受ける必要があることがわかった。回復はインフルエンザの発作のため手間取った。ガルストの体力が戻らぬうちに、ハーツェルが腸チフスになった。わたしたちは特別な講演のため呼ばれて、インディアナポリスのW・K・アズビル夫妻の客人となっていた。わたしたちは八週間もの長い間最愛の子を介抱した。子供を諦めなければならないことが明らかになった時から「中国では月に百万の人が死にかかっている」という繰り返される言葉が、絶え間なく耳に響いた。いとし児の小さいなきがらが、やがて暗い墓の中に横たわらねばならず、この子なしに遙か彼方の家の方に顔を向けねばならないとしたら（ああ、この子は孤立した生活の中で何という恵みに満ちた喜びであったろう）、どうであろう。「とこしえの御腕」〔申命記三三・二七〕と「わたしは復活であり、命である」〔ヨハネ一一・二五〕を苦しむ心の確かな頼みの綱として、このように故国を離れることはどのようなものであろう。海の彼方でこの目で見た暗闇と死と比べる時、このような別離はどのようなものであろう。

そして終りが来た時、必要な事は何でもどんなに手際よく前もって手配されていたことだろう。美しい白いひつぎとさっぱりしたクリーム色の水兵服と優美な青い笛も整えられていたが、服と笛は生前の子供の好みにぴったりだった。というのは彼は「水兵よ、岸を目指してこげ」を歌うのが大好きで、病床でもたびたびこの歌を所望したからである。四人の若者がひつぎを運び、見事な音楽が奏でられ、花が飾られ、思いやりある司式者は苦痛を与えることは一切避けた。慰めの言葉がD・R・ルーカスによって述べられ、小さなひつぎが白い霊柩車に運ばれた時、人々は帽子を脱ぎ、声は静まった。この葬儀と八年前の秋田でのジョセフィン・ウッド・スミスの死と埋葬との対照を考えてみてほしい。

ハーツェルの死は、わたしたちには、新たな献身、すばらしい福音の知識が全地に満ちるように、本分を尽そうというより強い願いを生じさせた。

11　ミカドの国へ帰る

海外へ向かって

小さな家族は、母国に帰った時より一人減っていたが、愛する仕事にまた向かった。「ダッチィ」はハーツェルという年来の仲間を失って寂しさの余り、友人たちがサンフランシスコの波止場から手を振って別れを告げた時、わたしのスカートに顔を隠して、「ああ、あのハンカチいやよ」とすすり泣きながら言った。

かわいそうな子よ。わたしたちが波止場から向きを変え、金門湾に向かった時、幼い胸にあふれた気持ちを理解することも、表わすこともできなかったのである。

厳密に言うと、二十年前の太平洋航路の汽船には、二等船室がなかった。ヨーロッパ人用の三等船室とアジア人用のものがあって、前者の方がましであったが、決して好ましくはなかった。わたしたちは、特殊な事情があって二等船室というよりむしろヨーロッパ人用の三等船室で旅したが、「これには少しおもしろい話がある」。シンシナティーの事務局の誤りで、一ヶ月分の給料が東京に先に送られていたので、わたしたちは金銭上困った。ガルストが自転車を持って行くことはまことに望ましいことであった。というのは、東京という巨大都市には二百万の人が住み、領域は何キロにもわたって広がっているのに電車の設備が乏しいので、自転車が大いに役立つと思われたからである。わたしたちは一等船室の船賃を支給されていたが、電報で金を送ってもらうよりもヨーロッパ人用の三等船室を利用するという計画を思いついた。というのは余分の船賃を必要な品を買うのに使うもくろみだったのである。宣教師団は結局得をした。なぜならわたしたちは、実際通りに決算報告をしたからである。

その汽船を見て船室を予約するため足を運んだ時、一等航海士は大変礼儀正しかった。「よろしゅうございますとも、それで結構です。下級航海士が使っている船室を用意致しましょう。食事はほとんど同じものを出します」と彼はきっぱり言った。

船室は非常に風通しのよい位置にあることが分った。そして新鮮な空気が切実な要求であったので、快適な備品がなくても我慢できると思った。

「ところで、米国陸軍をやめて宣教師として外地に行った人に心当りはありますか。その方は外国人が今まで行ったことのない日本の北の地方で働いたと聞いていますか」とその航海士は、わたしたちが別れを告げようとしていた時に尋ねた。

「その人はあなたがお話しになっている人のことですよ」と、わたしはガルストの方にうなずきながら言った。

「そしてあなたのご結婚前の名字はデラニーだったのでしょう」と素早い答が返ってきた。

「失礼ですが、あなたはどなたですか」と、わたしは笑いながら大声で言った。

「五年前にお母様と妹さんを日本までお乗せしました。妹さんは今どこにいらっしゃいますか」。

気持のよい会話が続き、わたしたちは出航の日に再会することを約束して、別れた。しかしその日は、一等航海士は仕事にすっかり心を奪われていたので、わたしたちのことは忘れていた。わたしたちはできるかぎり元気を出して、船室の不自由な生活を我慢した。食事の時がきた。大変驚いたことに、食事は船室内で出され、それも粗末な食物を載せた盆が洗面台の上に置かれたのだった。病気で頭を起こしていられない場合はともかく、船室内で食事するなど問題外のことであったので、わたしたちは苦情を訴えた。次の日、船室に面するデッキの柵に突き出た棚が作られ、その上にテーブル掛けの代りにローラータオルが敷かれた。下級乗組員の腹にもたれる食物がわたしたちの分け前だった。幸いなことに果物がたくさん入ったかごと十分な新鮮な空気があったので、かなり苦しい経験を切り抜けることができた。

数日海上へ乗り出した後、一等航海士はわたしたちのことを思い出したらしく、甲板に出て来て、大変能弁にしゃべった。彼はわたしたちが気持ちよく過していることを望んだ。わたしたちは不平を口にしなかった。

「ガルストさん、出航の日にあなたに宛てた手紙を預りました。終りのところに、『米国海軍ペリー・ガルスト』という名前が書かれていました。海軍のガルスト大佐はご親戚ですか」。

「あれはわたしの兄弟です」とガルストは言った。

「ご兄弟ですか」。ガルスト大佐はたまたまいくつかの著名な海軍の法廷において法務官を務めていたので世評が高かった。そこで活発な会話が続けられ、その間にわたしたちの友人は北日本に住む陸軍士官について一連の物語を思い出した。

「どういうわけであなたがたはこのように身を隠して旅をしておいでなのですか」と、彼は突然叫び出した。わたしたちはいきさつを話して聞かせた。

「やれやれ。わたしたちの上役はウェストポイント卒業生のお子さんですから、あなたがたにどんなことでもしてさしあげたでしょう」。彼は船長を呼び出して事情を繰り返して話した。船長は下にも置かない応対ぶりだった。すぐに「ずっと上の方に」来て、船長の隣の船室を使ってもらいたいという話になった。わたしたちは船長に礼を言い、待遇に満足していると話した。二人がその場から立ち去ると、ガルストは「どうしたものかね」と言った。

「どうするですって」とわたしは叫んだ。「このままでいいのですよ。宣教師の妻にとって結構なことは、元陸軍士官の妻にとっても結構なことだわ」。このようにしてわたしたちは同じ船室に留まった。

ある名高い長老派の宣教師が、この当時一等船客として旅行中、子供たちの食卓におけるサービスがひどいというので、ユーモアを込めて苦情を述べる必要に迫られた。次の食事の時、問題が正されたのを確かめようとそばに立っている間、一人の士官が威張った口調で、「この宣教師たちは、割引きの運賃で旅行しているくせにいろいろ要求を出して、少々お高くとまっている」と言うのをふと聞いた。

「失礼ですが」と長老派の宣教師は言った。「少々誤解があるようですね。汽船会社が慈善のために宣教師に船賃を割引いているとは知りませんでした。陸海軍の人たちの場合同様、商売上の事だと思っていましたよ。たくさんの宣教師たちが旅行しているので、割引きするのは会社の利益になるのだとばかり思っていました」。

船客へのサービスについては、それ以上問題は起らなかった。

今ではこのような経験に出くわすことは、ほとんどないだろう。というのは、少くとも一つには「平信徒宣教運動」のおかげで、伝道事業の地位はこの二十年の間に全く変ったからである。宣教は至る所で益をもたらす世界的力と見なされ、そのようなものと扱われている。

東京に落ち着いて

船が日本の海岸に近づいた時、わたしたちが家に戻ってきていると感じることはうれしいことだった。また、日本人と外国人の友人たちの両方が迎えに来たことがわかりうれしかった。

一八九三年九月六日の夕方に、船は横浜の港に錨を投げた。ほとんど同時にスティーヴンズが船に乗り込んで来て、わたしたちを心から迎えた。やがてわたしたちは上陸し、人力車に乗って駅まで行き、そこから汽車で二十九キロ離れた東京に行った。東京の新橋駅からは、見慣れた通りをとおり、城の堀とどっしりした公共の建物を過ぎ、さらに生垣をめぐらした小道の中を曲がりくねって、宣教師館の前に止まるまで長い間乗って行った。その宣教師館は「ユーラシアン」館と呼ばれ、建築様式が和洋折衷であった。壁と仕切りは純日本風にふすまでできていたが、外の仕切りは、紙の代りにガラスがはめてあった。ここではスティーヴンズ夫人のもてなしで、わたしたちはすっかりくつろいだ気分になることが出来た。ミス・オルダムとミス・リオクという二人の若い女性も伝道団を補強するため、わたしたちの留守中に日本に来ていて、わたしたちは初めて会った。

何という楽しい時を過したことだろう。数日後の夕方に、歓迎会が開かれ、新しい回心者たち、友人たち、伝道者たちと顔を合わせ、わたしたちの第二期の新たな伝道がまさしく始められた。

経験ある者による現地の仕事が、緊急に必要とされていた。ガルストは、すべての伝道の地を巡回して、多くの事を整理した。扱わねばならない困難な規律上の問題がいくつかあった。ガルストは、パウロが記したすべての「危険」の中で、日々使徒の上に起る「すべての教会の苦労」と比べると、パウロの見方では、「外部」にある事がらは取るに足らぬものとはならないのではないかと考えた。

わたしたちは二人の名高い客、フィラデルフィアのハートショーン博士と令嬢アンナの短い訪問を受けて嬉しかった。彼らは楽しい学校時代の友人であった。ハートショーン博士は著書『医学要説』（その中国語訳は日本の学生と医師により使われている）によって、多くの有力な日本人の間で大いに好評を博している。

わたしたちの宣教師館で開かれたハートショーン博士と令嬢のための歓迎会で、白髪の聖者（ハートショーン博士）は、通訳を通して、言葉ではなく、物腰全体で信仰と平安について語った。彼ら自身の伝道団であるフレンド派と共に一年余り日本で過した後、各地を旅行して、二人はアメリカに帰ったが、「日いずる王国」を再訪する約束を残していった。

スミス夫妻はアメリカにいて留守をしており、伝道団の古参宣教師としてのガルストの仕事が、監督し巡回する性質のものにならざるを得なかった。そこで、わたしたちが東京に留まった方がよいことに決まった。スティーヴンズ夫妻と共に幸先よく始められた楽しい日々は、本郷区の宣教師館に共同で住んだ六ヶ月にわたった。「ダッチィ」とモリソンはまるでスティーヴンズ夫妻の子供のように、彼らの忙しい生活によくなじんだ。二人の子供たちは、スティーヴンズ氏が朝起床しないうちに、小さなパジャマを着て侵入して、彼らが一緒にはね回り笑いさざめく声は家中に響き渡った。スティーヴンズ夫人（実際そうだったから「博士」と呼ばねばならないが）は、喜んで二歳のモリソンに話を教えた。夫人の堅い信念の一つは、毎日少なくとも一度は大笑いすることであり、モリソンはスティーヴンズ博士から教わった「赤ずきんちゃん」の話の中の「三匹の熊」の話を暗誦しながらよくこのことで博士を助けた。彼が小さな声で「小さな熊」、そして大きな声で「大きな熊」の話をし、かわいい丸ぽちゃの手で大きさを表わし、広く見開いた青い目で驚きと恐れを強調すると、スティーヴンズ博士はどっと笑い出し、いつも終りには力を込めて抱き締めキスをして、「ああ、わたしたちにもちょうどこんな子がいたらいいのに」と熱っぽく言うのだった。

しかしながら、モリソンには少し問題があった。彼は、何でも珍しく新しいものを、自分の物にしたいという気持を持っていつも子供っぽい驚きと好奇心で見ていた。ある日わたしは、井戸の所で困惑した声と笑い声が聞えたので、どういうわけだろうと外を眺めた。隣りの家の女中が水を汲みに来ていた。彼女の背中には丸々と太った日本人の赤んぼうをおんぶしていて、肥った小さな足が小さなモリソンの手の届く所に、そそのかすようにぶら下がっていた。少しもためらわずに、末頼もしい子供はその足をつかまえると、自分の体を前にうしろに振り動かそうとした。わたしは下に飛んで行き、すっかり困惑し、みじめな気持で女中にあやまり、わたしの子供のためを思って罰を加えた。また、インクびんは彼には特別でたまらない魅力があった。じゅうたんや服やいろいろな持物が台なしになったお返しに、わたしたちが期待した「義という平和に満ちた実」を結ばせると思われるこらしめを与えようと、様々な努力が払われた。しかしモリソンのひどく巧妙で無頓着な気立ては何をやっても裏をかかれた。部屋に閉じ込めたとしよう。すぐさま彼の抜け目のない頭は、その時間をまぎらして、苦しみではなく楽しみに変えてしまうような遊びを考え出した。小さな椅子にくくりつけたとしよう。じっとしていない体にこういう物を付けて歩き回る慣れない感じは彼を大いに楽しませた。平手打ちしてもすぐに終ってしまうので、全く何の効き目もなかった。ある日ハートショーン博士が一緒にいた時、彼が父親の机に上がり、手と顔にどうしようもないほどインクをなすりつけ、きれいな白い服（贈物）を台なしにしているのを見つけた。わたしは厳しい処置を取ることに決めた。わたしはまず手と顔を洗い（インクは大体そのままにして）それから清潔な服はないと言って（そのような事情では、少々のごまかしは許してもらいたい）、ハートショーン博士の所に急いで行って、わたしが抱えている難儀を打ち明けた。「どうか助けてください」とわたしは必死に頼んだ。「モリソンがこんなひどい有様で昼食の時に姿を見かけたら、驚きあきれた様子をして、すっかりしおれさせてやってください。こんないたずらを二度とやらないようにしてくださいませんか」。

親愛な博士は、腹を抱えて笑い、できるだけやってみようと約束した。計略は見事にうまくいった。実際、それは「ダッチィ」が幼い時に難攻不落のとりでであった爪をかむ悪い癖を直すのに利用した塩と同じくらい有効であった。しかし、モリソンは決して悪い子供ではなかった。彼は優しい心の持主で、伝道団や日本人の友人の間でも大変な人気者であった。彼の変った祈りは大きな楽しみのもとであった。アメリカにいた間は、まだ幼くて米国政府の郵便制度の不思議な働きが分らなかったが、日本では郵便箱の便利さを段々覚えて、ある夜「郵便箱にお恵みをください」と本気で祈った。

宣教師館は少々高い丘の上にあった。ある日わたしは、モリソンを両腕に抱いて、人力車でこの丘を登る時、車夫に自分たちを歩かせてもらいたいと頼んだが、彼は聞きいれずにせっせと車を引いて行った。彼はかなり年寄りだったので、そんなに力を込めて引くのを見て、わたしは悲しくなった。彼がひどく苦労してわたしたちの車を引いている訳は、やがて一人の乱暴な男の子が後にしがみついているのが見つかってはっきりした。その晩、「車夫にお恵みをください」とりわけ悪い子がぶら下がっている時は」という願いが捧げられた。一丁ばかり離れた所に阿部伯爵が住んでいた。いかにも日本式に、並んでいる白馬は、西洋式の考え方からすれば当然尾のあるべき位置に、頭を先にして馬屋の中に立っていた。朝外出する際、モリソンはいつも馬を見たいとせがみ、夕べの祈りには、「阿部伯爵の馬にお恵みをください」と言うことが多かった。

伯爵の家の近くに、道の真ん中に美しい木が生えていた。それは円い柵で守られ、日本人の通行人がよく拝んでいた。神社や寺や奇怪な礼拝の対象が至る所にあり、モリソンは子供ながらも、異教の状態をいくらかのみ込んでいた。それは幼い心に重くのしかかっており、まだ三つにもならないうちに、「神さまが神道や仏教を信じる人たちを恵み、わたしたちがあの人たちを地の上からいなくなるようにするのを助けてください」と祈った。ああ、この祈りの考え方は何と深いことだろう。祝福に神道や仏教の信者たちそのものの根絶が伴わなければならないというのである。

世界最大都市の一つ

一八九三年の秋の末に、ハーヴェイ・H・ガイ夫妻が本国から加わった。夫妻は、アイオワのデモインにあるドレイク大学を出たばかりで、若々しい情熱に溢れ、本当の激励を与えてくれた。二人の航海は特につらいものだった。空には雲一つなく、下には鏡のような海が広がっているある美しい日に、船が圧倒的な波に不意に襲われた。船の外側の船体に穴があき、三分もすると船は一メートルも沈んだ。ハリケーンで甲板は台なしになり、フレンド派宣教団のビンフォードは重傷を負った。最初の波の後、二つの波が矢継ぎ早にやって来たが、船長は、船を波の方にまっすぐに向けて、それ以上の難を避けた。排水ポンプを必死に動かしたので、損害が一部修理されるまで、船は浮んでいた。しかし陸地から千六百キロ離れていたので、残りの航海の緊張は想像を越えていたし、筆舌に尽しがたかった。海上の津波の話はその位にしよう。ガイ夫妻は、この経験で神経をすりへらし、ひどくやつれた様子で日本に着いた。船は何日も遅れていたので、わたしたちも心配した。宣教師がこれほど熱心に歓迎されたことはなかった。小石川区にある一軒のだだっ広い古い日本家屋が借りられた。美しい庭が、この古い大名屋敷の魅力であった。ガイ夫妻は言葉の勉強に身を入れた。夫妻と一緒に住んでいたのは、アイオワからのもう一人の尊敬すべき働き手であるミス・ロダスカ・J・ワイリックであった。彼女は数人の日本人の娘を母親のように世話していたが、彼女たちはそれから数年後に始められた女子学校〔女子聖学院〕の中心となった。

東京という大都市は多くの難問を抱えていた。一八九三年にこの都市の面積は二六〇平方キロで、一五〇万の人口があり、十一の区に分けられていた。何もかもが秋田や鶴が岡の生活と著しい対照を成していた。

東京の街は絶えず移り変る走馬灯のように見えた。古い日本と新しい日本が奇妙に混り合っていた。新しい日本の面では、公使館や金持の日本人の、手入れが行き届いた馬が引く美しい馬車が見られた。御者は必ず濃紺の綿織物の制服を着ていたが、別当〔馬丁〕は珍しいいでたちであった。彼は軽い服装で、すばらしい筋肉をこれ見よがしに短いズボンをはき、道を空けるために「へい、へい」と叫びながら、ゆるやかな上着の袖を風になびかして、混み合った大通りを威勢よく走って行った。それから、制服に身を包んだ兵隊、騎馬警官、道を急ぐ電報配達、小走りする自転車や馬の引く電車が目に映った。古い日本を代表するものとしては、野菜売りや魚売りが肩に担いだ長いさおの先のかごをつけ荷物を運ぶ姿や、目の不自由なあんまがいた。町外れには、道端の「いやしの神様」と、台の回りに石の山が積み重ねられている「子供たちの神」である地蔵の像があった。ひっそりした通りには、子供の群がいつも遊んでいた。当時の雰囲気についてのべよう、特にキリスト教に対する感情としては、もっと早い時代に目立ったすべての西洋の物への激しい欲望も、その後、流行した強い排外感情も影を潜めていた。概して、より健全な気分が民衆を支配していた。つまり、新しい文明をそっくり受け入れたり、東洋的でない一切の物に腹を立てて退ける代りに、是々非々の態度を執るわけである。このより良い風潮はまた増大しており、福音伝道の努力は有望なものになった。

一八九三年と九四年の冬は伝道の業にとって特に苦しい時期であった。米国の金融恐慌は補給基盤を激しく襲った。伝道、慈善学校の運営その他の努力があったが、このような事業を投げ出すことは、人々の信頼を弱めて、宣教師の誠実さを疑わさせることであったので、会議でまず出される質問は、「活動を続けるために今月は何を差し出せるか」であった。ミス・オールダムは母国で長年教職にあって貯えた金を惜しみなく捧げてくれた。スティーヴンズ博士は、是非とも必要な自転車を買うために父親が送ってくれた為替を渡してくれた。後に夫妻は帝国大学の向いにこぎれいな礼拝堂を建てたが、今では立派な教会堂になっている。自転車の費用は、気前のよい父親から再び為替が送られて来た時、また事業のため捧げられて、わたしたちは、宣教団は「スティーヴンズ博士の自転車に乗っている」ようだとしばしば言った。わたしたちは、燃料を省くために居間の火の上で料理したり、僅かな金でも伝道に使うために、ありとあらゆる節約を図った。わたしたちは皆、その冬、A・マックリンが、中国での事業を乗り切るために長年の貯金を送ったことを知っている。嬉しいことだが、金融事情が好転した時、スティーヴンズ博士は自転車を手に入れ、マックリンは前から切望していた伝道の現地を旅することができた。彼はこの旅を自分の生涯を捧げた仕事で役立たせたいと思ったのである。しかし、あらゆるもくろみにもかかわらず必要が満たされずに伝道が振わない時、このように宣教師に対する信頼をひそかに傷ける危険、特に現地人の働き手に及ぼす影響を本国の人々が十分に理解できれば、遠くの地での主ご自身の業を果すために、ほとんど一切をなげうつ気になるに違いないと確信する。

仕事と遊び

ガルストは、一八九四年二月に、再び北日本に難儀な伝道の旅をした。この旅行中風雨にさらされたため、ガルストは重い病気に倒れ、二度と本復しなかった。ガルストは、ハーツェルが死ぬ前にアメリカで重病にかかって手術を受けてから体が本調子でなかったのである。

四月に再び、金庫が底をつき健康が衰えたにもかかわらず、ガルストは以前いた伝道地に出かけた。日本人だけが働いていて、その大部分はほとんど訓練を受けていないため、是非とも「ガルストの働きが」必要だったからである。この旅先からガルストは、手紙を送ってきた。そこには良い集会をもち興味に満ちた質問者があったこと、人々の行き来が多くて「食事の暇さえない」忙しい日々が続いたこと、雨中の長々と続く人力車の旅であったこと、一人の青年が村にキリスト教を教えに来てくれとせがむために十三キロか十六キロの道をやってきた話など、書いてよこした。手紙の結びとして、「今日の祈祷会に感謝します。主がわたしたちすべての働きを恵まれるように」とガルストは書いている。さらに、「今晩は本当に娘や息子を抱き締めたいと思う。ハーツェルが亡くなる何日か前の晩にしてくれたあのキスのことをどんなに思ったことだろう。あの子のことは悲しいが、喜びもたくさんある。かわいいハーツェル。新しい家でどんなにきいれな姿をしていることだろう」。

一八九四年の夏は、仙台から遠くない花淵という小さな漁村の近くの高山という小さな海岸の別荘で静かに過した。わたしたちはすがすがしい潮風の中で自由に呼吸したが、それは築地の息苦しい悪臭の漂う空気とは大違いである。あちらでは汚物を積んだ舟が近所の運河に何時間も止まっていることが多かった。東洋の大都市のふたのない下水道。群衆と圧迫感から逃れるとほっと安心した。わたしたちは松林に覆われた海を見降ろす高台に座り、はるか金門橋の方に広がる月明かりの中の静かな波のすばらしいゆらめきを見守った。もちろん、わたしたちは古里を思った。わたしたちの日本の別荘の家賃は六十ドルだった。海抜十八メートルの岬の上に六つの宣教師の家族が住んでいた。この人里離れた地区では流行など縁がなかった。一つの大きな、因襲にとらわれない家族として、わたしたちは幸せにつき合い、互いに忠告を交わして力を集めていた。わたしたちの時間はいつも決まりきった仕事で一杯だったので、多くの要求に答える暇などなかった。海辺でのこのような静かな何週かの間、滞った文通の遅れを取り戻したり、おろそかにしていた言葉の勉強を再び始めたり、遅れた報告を完成したり、重要な翻訳を続けたり、他の所ではいつも押しのけられているように思われる一般的読書を少々やったりする機会があった。このように時間はふさがっていて、海に飛び込んだり、貝や海草を採りに浜をそぞろ歩きしたいと思っても、必ずしもその機会がなかった。

ガルストは丘の上の子供たちの大の人気者だった。「熊」という遊びがよく行われたが、時には子供たちの群が大男を追いつめて、木に登らせ、優しい顔が高い木の上から晴れやかにほほえみかけると、子供たちは夢中になってはしゃぎまわった。

この夏の間、人々の心は中国との戦争をめぐる激しい興奮で夢中であり、伝道の業はあまりできなかった。軍隊が前線に出る前に宿営している南部では、非常に効果的な仕事も行われた。一般的にいって伝道の努力をするのに都合のよい時ではないという事実は、積極的に働くだけの体力がないというガルストの悩みを和らげた。

包帯を巻いたり、傷病兵を見舞ったりする皇后の献身的な態度は、兵士や大衆の賞賛と忠誠心をかち得た。天皇は、作戦基地に近づき、忠実な人々からたびたび知らせを受けるために、東京から南部の広島に移った。この人々は、熱愛する父に対するように、文字通りほとんど熱狂的な愛国心の祭壇に自分の命を捧げたのである。

一八九四年秋にわたしたちは本郷区の宣教師館から芝区の日本家屋に移り、このようにして大都会にもう一つの拠点を設けた。わたしたちの家は高い丘の上にあり、東京を一望できる見事な眺めであった。この頃マデン夫妻が本国から宣教団に加わった。周りには日本人がたくさんいて、まもなくわたしたちは女性と子供のための集会を開き、日本人のキリスト者の助けを借りて続けることができた。ガルストは中国の南京で治療を受けるためにしばらく留守にした。ガルストは病気が続いたので苦しみ、本気で辞任を考えた。ガルストがこのような処置をとるのを引止めた一つの考えは、もしアメリカに帰れば、命よりも愛している仕事を永久に手離すことになるという気持であった。というのは、一見また丈夫になった場合でも、日本に戻ればまた病気に倒れる恐れに付きまとわれるだろうからである。もっとも良い策は何だろうと思いめぐらしている間に、マックリン博士から手紙が来て、ガルストの病状を注意深く診療しようと伝えてきた。この案にはガルストを仕事から引き離して休ませるという大きな利点があった。経済事情が悪くて南京への道は全くふさがれているように見えたが、思いがけない天の助けが差し出されて、わたしたちは深く心を打たれた。マックリン博士の手紙を受けた数日後、ガルストは所用で横浜に行った。ガルストは横浜に行った時の習慣で、貿易商をしている友人であるバンティングを訪ねたが、友人はガルストが病気で苦しんでいる様子を見てひどく驚いた。

「ねえ君、君は大切な人間だから、そんなに体を弱らせておいてはだめだよ。近いうちに英国に発つことになっているから、香港まで一緒に来給え。船に乗れば、元気になって病気も段々良くなるよ」とバンティングは言った。バンティングは百円札を差し出しながら、真心こめてそう言った。ガルストがマックリン博士の勧めを話したところ、バンティングは是非それに従うべきだと言うと、その金を借金として受け入れ、南京に行くことに同意した。数日後ガルストは中国へ発った……。

わたしたちのだだっ広い日本家屋には二階がなかった。たくさんある広間や廊下は泥棒にとって申し分のないかくれ場所となっていた。泥棒と地震は特に恐ろしかった。わたしはガルストの留守中幼い子供たちと一階に眠るのにびくびくした。ある日の夕方、「ダッチィ」と幼いモリソンを寝かしつけてから、わたしは何丁か先のフルベッキ博士と令嬢を訪ねた。新しい日本の形成に大いに尽したこの人と話すのは大いなる特権であった。二匹のペットが赤々と燃える炉の火の前の床に寝そべっていた。一方はラット・テリアで、もう一方は立派な大きな猫であった。彼らはお互いによくなれ親しんでいる様子だった。まず犬が猫の肩に頭を乗せて寝ていた。しばらくすると彼らは姿勢を変えて居眠りを続けた。博士はこの珍しい光景について雑談しながら、犬はうってつけの泥棒よけだと言った。わたしは犬を飼っていなければ次に良いのは何かと尋ねた。「そうですね、警笛は良い物ですが、それがない場合は、鈴でも構いませんよ」。

家へ帰ると、私は「ダッチィの」枕と自分との間に、食事を知らせるための小さな鐘を置いた。もちろん家には日本家屋によく侵入し、根絶するのがほとんど不可能なネズミがいた。彼らはたまたまその晩特に活発だった。わたしは枕もとのろうそくをともし、その明かりが彼らを追い払えばいいと思った。真夜中長い間、わたしは寝つけなかった。とうとう、自分のばかげた考えを責めながら、わたしは火を吹き消して「冬の夜の長い眠り」についたが、雨戸ががたがた鳴り、だれかが寝室のそばでふすまの向うの廊下にひょいと入る音がはっきりと聞こえた。泥棒は忍び足で二、三歩進むと、風通しのため開けてあったふすまに近づいた。〔このままいけば〕恐らくかみそりのように鋭く、日本人の剣客が揮えば恐ろしい切味を見せる正宗の名刀で、たちまち襲いかかって来ただろう。わたしは食事用の鐘を急いでつかみ「天まで届くような大きな音をたてる」と、「どろぼう。おイノさん」と叫んだ。泥棒は退散し、愛するおイノさんは、廊下の向こうの部屋から飛び込んで来て、騒ぎが少し静まると、「また泥棒が来たら、『イノキチ』と呼ばなければなりません。そうすれば、家に男の人がいると思うでしょう」と言った。

気高い友

ガルストの中国滞在は効果があったが、まだ病気が直ったわけではなく、体を弱らせる東京の春は事態を改善しなかった。わたしたちは辞任するしか仕方がないと思ったが、マックリンが夏に訪れるまで正式の処置を控えることに決めた。海辺は薬よりもすぐれていて、ガルストの衰えた体力を回復させたので、ガルストは大変な体の不快さを忍びながらも、近くの村で説教したり、もっと遠くの地方へ旅をしてまで、いくらか伝道に励んだ。ある晩、村で話した後、ガルストは次の朝、ひとりの男に朝の食卓の席から呼びだされ、喜びに溢れた。彼は、その前の夕べに魂を揺り動かした言葉を更に聞くために、夜が明けるまで十一キロも歩いて来たのである。

福音伝道の業を展開していた間、河村洋次郎はガルストの忠実な仲間であった。ガルストは、いかつい様子と恐れを知らぬ説教のゆえに、彼をバプテスマのヨハネと呼んだ。若い頃、河村洋次郎は道楽に耽っていた。彼には財産があって、法律を学ぶため上京することに決めていた。東京で彼はモーセのおきての話を聞き、何だろうと考えていた。彼は聖書を手に入れて学び始め、長老派教会に加わりキリスト者となった。その時彼は、今まで悪魔に仕えていたのと同様にひたむきに主に仕えたいと言った。彼は自腹を切って伝道を始めた。彼の妻は彼が憎むべき外来の宗教に忠誠を誓う日が訪れたことを嘆き悲しんだ。彼女は一家の経済事情が変ったのを見て気を落した。彼女は、以前は絹の着物を着ていたのに今は綿の着物をあつらえるのにも難儀することにいら立っていた。「わたしが以前のようにのんだくれであって欲しいのか」と夫は尋ねた。「そうよ」と彼女は、わずかな収入で家計のやりくりをする苦労に疲れ果て、不機嫌に答えた。日曜の朝になると、夫は家族の者たちを集めて、聖書の教えを聞き、彼の大好きな讃美歌を一緒に歌うように強く奨めた。しかし妻は、他の日には酔って正体を失い床の上に寝ている夫を足で押しのけ、彼を馬鹿にするよう子供たちに教えていた。

「行っちゃだめですよ」と彼女は子供たちに言いつけた。子供たちは、母親の言葉に従い、また皿をがらがらさせたり、できるだけ物音を立てたりした。というのは、彼女は隣の部屋で祈っている夫の邪魔をしたかったのである。自分の家ではあまり成果があがらないので、夫は外に出て耳を傾けようとする者たちに説教した。一八九二年に、河村洋次郎はスミスの教えを通してわたしたちの交わりに加わった。彼の心にかかっていた大きな重荷は、妻がまだキリスト教を受け入れていないことであった。一八九五年の夏に、彼はガルストに、わたしが彼の家を訪れることができるように、彼の担当地区を回るのを認めてもらいたいと頼んだ。わたしはその十日の旅の間河村洋次郎が、わたしを守るために払ってくれた配慮を決して忘れることはない。宿屋の中には非常に悪臭が漂い不衛生の所があった。夜になって雨戸が締った後でも、わたしは寝つけなかった。それでガルストが多くの伝道旅行中に味わった苦労が多少分ったような気がした。ある忘れ難い八月の日、わたしたちは稲田の間を十キロほど歩いて、疲れ切って河村家に着いた。わたしを迎えるために念入りな準備が整っていた。ベッドの台（わたしはよく考えた上でこの言葉を使う）が設けられていたが、それはわたしの掛けぶとんと持物が置けるだけの場所がある広い壇で、畳の上に座ったり寝たりする時に悩みの種となるノミから効果的に身を守ってくれた。とり肉のシチューとゆでたじゃがいもがわたしのひもじい目を楽しませた。旅のほこりを払う暇もなかった。家と中庭に入り切れないほど大勢の聴衆が押し寄せて来て、自分たちの地区を訪れた初めての外国の女性を見ようという好奇心に駆られ、是非とも歌を聞きたいと願っていた。このような集会はいつも夜中まで続いた。一時になった頃を見計らって、河村はベランダに出て一息入れたらどうですと奨めてくれた。彼は助け手たちと一緒に質問会を続けた。満月が出ていた。何人かの女性たちは、わたしの姿を見るとおずおずと近寄って来た。彼らは耳を傾けながら庭を歩き回っていたのである。やがて、わたしが彼らの頭の上のベランダの端に立つと、彼らはわたしに近寄って来た。わたしは月を指差して、あれは毎晩わたしの国を照らし、わたしの息子——彼はこの日本で生れた——の墓の上に輝いている同じ月だと話した。わたしは昨日の太陽はわたしの母国から上って来るはずだと述べた。その言葉はあまり科学的ではなかったが、彼らの心に訴えるように伝えたいと思い、真理を強調するものであった。わたしは互に体の仕組みの点で共通するものを持っていることについて話し、わたしたちの心は、恐らく喜びにおいても悲しみにおいても似ているのではないかと言った。

「そのことは、わたしたち皆のひとりの偉大な父なる神がおいでになり、わたしたちは互に、兄弟姉妹であるという事実を示しているのではないでしょうか」とわたしは尋ねた。それから彼らに、わたしたちにこのような偉大な真理を理解させようとする神の愛に満ちた願いと、神がその願いをすべて、わたしたちのために実現しようとして御子を遣わされた次第を伝えようとした。女性たちは非常に注意深く聞いていた。一人の女性は、わたしの異国の服装と口調も気にかけずに息を殺して熱心に耳を傾けていた。わたしはこの人々の心の底に触れることができたかと考えながら話を止めると、決して忘れられない哀れを誘う調子で、「始めて聞きました」と言った。

果してわたしは、彼女のその口調に込められた悲哀を本当に想像することができたろうか。その上に向けた顔をのぞきこみ、「始めて聞きました」という言葉を聞きながら、わたしの心が張り裂けそうになったのは、まだ一度もイエスの名を聞いたこともない人々の十億にも上るおびただしい群が、わたしの前に浮び上って来たからだろうか。

ああ、教会の前にある務めよ。それは一セント、五セント、十セントを稼ぐことと思われるだろうか。十億という意味が分るだろうか。イエスが「大きな御命令」〔マタイ二八・一九参照〕を下されてから経った分を数えてみれば、一九三五年頃までまだ十億分が経っていないことになるだろう。その巡る歳月と世紀の間に、まだキリストの名を耳にしていない人々の数ほどの分が経っていないことになる。

この旅の間のある夜は、河村洋次郎は午前二時まで床に入らずに質問者たちの相手をし、五時には起きて、わたしの口に合う朝食を用意するため、にわとりをしめ、下ごしらえをし、料理の指図をしたのである。

ある村では五百人の聴衆に向かって、わたしは、僧侶たちが邪悪な生活をおくっていることで有名で、彼らは目の見えない案内人であるのに、それに対して抗議の声を上げる者が一人もいない事実に注意を向けさせた。

前もって辛抱強く種をまいておいた実が結んで、この旅の間に十人が受洗した。中でもいちばん嬉しかったのは、河村夫人が赤子の娘と当時十一歳だったきよみを連れ、わたしと戻って来たことだった。河村夫人には女性キリスト者との交わりがなかったが、おイノさんならば彼女に新しい世界をくり広げてくれることが分っていた。海岸の家庭には多くの女性キリスト者がおり、何日か彼らと自由に交わった後、わたしたちの家で心を込めた教育を受けてから、河村夫人は広々とした太平洋でガルストからバプテスマを受けた。夫人は帰宅した後全く心が改まったことを証した。彼女は夫に、自分は新しい人間に生れ変ったと言った。彼女は近所の人々や友人を訪ね、集会に誘った。彼女はそれから十年間家で楽しく暮した。きよみは、母親が今わの際に子供たちを呼んでキリストの教えに忠実に従うよう奨めた次第を感動に溢れて語っている。その時まできよみは、公立学校に学ぶ方がよいと思っていたが、その時イエスに仕えるため惜しみなく生涯を捧げる決心をした。その頃わたしたちには女子校がなかったので、彼女はバプテスト派の学校に入れられた。ここでまれに見る敬虔な女性キリスト者であるアニ・S・バゼルが、訓練と模範によって、神のために献身的に奉仕するきよみの志を育てた。この学校を卒業すると、彼女は多くの有効な伝道の業を果した。その後、彼女は東京の滝野川にあるマーガレット・ロングの女子校〔現在の女子聖学院〕で熱心に働いた。彼女はデモインに来て、ドレーク大学で三年間学んだ。東京に帰ると、彼女はその学校で重責を担って二年間勤めた。親戚の断りきれぬほど熱心な勧めで、彼女は立派な日本人の男性と結婚し、いま多くの意欲的な日本人が進出している、ある中国の都市にいる。彼女には幼い男の子がいる。家庭という比べようもない領域で中国の女性たちのために大いに働いてもらいたい。

12　客人と助力者

伝道団立派な客をもてなす

わたしがこの短い伝道旅行から帰ってまもなく、ガイが、長い間待ち受けていた外国宣教師の秘書、アーチボールド・マクリーンをわたしたちの海辺の別荘に案内して来た。彼らは真夜中近くに到着した。入念な準備をしてやっと、わたしたちの小さな田舎の家は二人の客をもてなすことができたが、子供たちは、友人たちが来たら自分たちは床の上に寝て、客人のために子供用寝台を空けねばならないことを分ってくれた。子供たちは喜んでそうしてくれ、起こされると、特にいろいろうわさを聞いていたマクリーンを熱心に迎えるために、居間に急いだ。日本滞在中ずっと、マクリーンは大変優しく父親らしい役割を果してくれた。マクリーンは伝道団の男性たちを名字でなく名で呼んだが、ガルストだけは例外で、昔の軍とのつながりに敬意を表して、いつも「大佐」と呼んだ。

到着した翌日の日曜に、マクリーンは合同礼拝で丘の上の家族たちに話をした。その日の午後遅く、わたしたちは絵のように美しい小道を通ってマクリーンを案内し、そこから広々とした海と美しい丘が眺められる壮大な景色に見とれた。見事な風景の中でただ一つだけ目ざわりなのは、もっとも魅力的な奥まった所にある神社であった。杭を打った柵の中に「神聖な」木馬が立っていた。その周りには、信者が捧げた多くのわらじが下がっていた。あたりにはねずみがたくさんいて米の捧げ物を食べていた。

マクリーンが北方の伝道所を訪れる旅に、ガルストも同行することが望ましいと考えられた。わたしたちの有名で献身的な伝道者であるミス・アリス・ミラが、その夏はわたしたち家族の一員になっていたが、わたしがガルストと一緒に行って、病人食の調理に当たることができるように、彼女はまことに親切にも子供たちの母親代りを引き受けてくれた。マクリーンの予定は限られていたので、わたしたちは月曜に旅立った。

旅券をめぐって大変めんどうな「お役所仕事」に悩まされた。これは、日本が文明国の仲間にすみやかに加わえられなかったことに対する日本流のしっぺ返しであった。日本は、少くとも昼も夜も外国人を「見張る」ことによってその重みを痛感させることができたわけである。最初の宿泊地で、わたしたちは旅券を見せることを要求された。ガルストはどの「階級」に属しているのかと尋ねられたので、「天国の階級」と答えた。ガルストとわたしは別々の旅券を持っていて、それぞれに二人の子供の名が記されていた。このために手続きが果てしなく遅れた。警官たちは長いやりとりの後で、夜が更けると渋々と行ってしまったが、午前二時にまた戻って来て、四人の子供を見せるよう言い張った。ガルストはいろいろ説明したがむだだった。わたしたちは納得の行く証拠が出せるまで旅を進めることを禁じられた。ガルストは当局に東京に電報して欲しいと言った。その返事でもつれが解け、わたしたちは先に進むことができた。

マクリーンが到着した時までに、夏の間コレラが流行して一万七千人の犠牲者が倒れていた。病気払いの魔術の仕掛が、通りの至る所に見られた。それは木の獅子頭からサラサの袋がぶら下がっているものだった。それを持ち運ぶ者は獅子のあごを開けて貨幣を受け取り、それが袋に落ちると、切望している祈りが捧げられ、その結果病気から免れるという仕組になっていた。

「盆祭」（外国人は「ちょうちんの祭」と呼んでいるが）が行われていて、酔った車夫のために先へ進むのが遅れた。というのはこの時期には酒がたっぷり振舞われたからである。この祭では食物が墓に供えられるが、祭は大抵大掛りな市のようなものである。子供たちは大変はなやかな着物を着て飛び回り、路傍の屋台でおもちゃや菓子を買う。踊り子たちが、その際設けられた舞台で演じる。

長年にわたって世界の顧みられなかった片隅に福音を広めようと苦労してきたマクリーンの喜び

ようを目にするのは深い喜びであった。伝道所の子供たちが「主われを愛す」〔讃美歌四六一番〕、「稲束を刈り入れて」〔讃美歌五〇三番〕、「宝石」〔讃美歌四五八番〕などの讃美歌を歌うのを聞き、異教から贖われた人々と通訳の助けで話し合った時、マクリーンの顔は輝いた。

秋田から本荘までの約四十八キロは、馬車に乗ったが、それはがたがたで寸詰りの馬車で、骨と皮ばかりで見る影もない馬が引いていた。マクリーンは、『地球の巡回』という著書の中で、少年が付き添って「馬の頭をしっかり押え、坂を上るのを手伝わねばならなかった」と述べている。わたしたちは途中大抵歩かねばならなかった。更にマクリーンは、次のように述べている「女性たちがひもを体に掛けて重い荷物を運んでいるのが見えた。赤ん坊を背負っていることもよくあった。キリスト者たちはわたしたちを見送るためにしばらく一緒に歩いた。彼らはわたしたちと一緒にいることを言葉で表わせないほど喜んでいた。彼らの日々は寂しく、キリスト者との交わりから離れていたのである。一つだけつらいことがあった。わたしは正座して、苦しくてたまらないのに嬉しそうな顔をしていた。わたしは箸でスープを飲んだ。わたしは暑い風呂に入ってゆでだこのようになった。わたしは日に百回、頭の先を床に垂れた。床の上に座わり、通訳を通して話すほどつらいことはなかった。人間は、何か話すときは立ちあがり、それが終わると、座るのが、自然だからである。人間の体は電池のようなもので、地面と二ヶ所つながっている時、頭の働きがもっともよいのである。聴衆は大変よく聞いてくれるので、どんな姿勢で話そうとその他の場合ほど気にはならなかった」。

山あいの小さな銀鉱の町、院内で、わたしたちはバプテスマの水の中に「平安を見出した」小さな教師チエに会った。彼女が教えている公立学校には七人の教員と四百人の生徒がいた。ここには女性伝道師がいなかった。キリスト教に対する反感は強かった。日本語の構造そのものが、女性語が男性語とは違い、そして国の慣習が必然的に女性を孤立させ、チエの魂は交わりに飢えていた。彼女は次の日再びマクリーンの話を聞き、わたしと一緒に少しでも長くいられるように、六十四キロの旅をした。立派な工藤牧師は院内の伝道所にいて、七十人の子供たちの学校を教えていた。彼は今でもそこで働いている。

別の鉱山町荒川には、忠実なキリスト者の群がいた。秋田からの信者がそこに働きに行って、一人の回心者を得たのである。鉱山主は熱心な仏教徒であった。キリスト者の小さな群が会堂を建てるのは難しかった。それは「門の無い」粗末なものでなければならなかった。おイノさんの夫は当時この鉱山で働いていたが、そこの土地を回り小屋のような会堂を建てた篤信の人々の一人であった。マクリーンは男性ばかりから成る熱心な聴衆に、「若い人たちよ、わたしがあなたがたに手紙を書いたのは、あなたがたが強いからです。神の言葉があなたがたに宿っているからです。そしてあなたがたは悪魔に打ち勝っています」という言葉について話した。鉱夫の平均賃金は年約五十ドルであった。ひとりの聰明な若い兄弟が、この「一ドルでは」世界中を旅する費用の千分の一にも満たないことは分っています、と言って、マクリーンに是非一ドルの金を受け取って欲しいと頼んだ。というのはこの旅は、〔信仰の闘いに〕苦労し、またしばしば孤立する場合が多いキリスト者たちにとって、大きな励ましになるからだった。この申し出は、時には批判の的になる伝道地への秘書の「旅」に対する側面からの説明になる。もし現地のキリスト者に与える効果だけでもよりよく理解されれば、このような批判は立ち所に消えるだろう。北国を旅行中にガルストが果した役割については、マクリーンは、「C・E・ガルストは、言葉の知識、尽きることのないユーモアと忍耐によって大いに役立った」と書いている。

印象と変化

その著書の中でマクリーンが、ある種類の旅行者を通して得られる伝道事業の通俗的誤解に関して述べている言葉は注目に値する。

マクリーンは、水はすべて不潔だからワインだけを飲むべきだとする多くの警告にもかかわらず、自分は世界旅行中水だけを飲んだと言っている。これでガルストが上海と横浜の間を航海した経験を思い出す。あるドイツ人の紳士が、ガルストが危い水よりもむしろワインを飲むようしつこく奨めた。とうとうガルストは、「わたしは水は沸かして飲みます。あなたもビールを沸かしませんか」

とユーモアを込めて言った。アルコール飲料推奨者はそれ以上何も言わなかった。

マクリーンは宣教団全員の心からの祝福の言葉と暖い好意を受けて帰国した。わたしたちは以前よりマクリーンに対する理解を深めた。あまりにも厄介な秘書の務めに没頭する独身者として、マクリーンはそれまではぶっきらぼうで優しさに乏しいという評判を受けていた。しかし、マクリーンの絶えないユーモアと情深い思いやりにたびたび接してから、わたしたちは、「そうか。マクリーンさんがこんな風な人だとは知らなかった」と言うばかりだった。

マクリーンとの会議の間に、幾つかの重要な変更が決められた。再び宣教師が秋田に配置されることになり、スティーヴンズ夫妻は厳しい仕事を進んで引き受けた。その後十二年間の勇ましい奉仕がその地で行われたが、スティーヴンズが健康を害したため合衆国に帰らねばならなくなった。いま夫妻はロサンゼルスにおいて日本人の間で働いている。

マクリーンはガルストに、体に合った気候や楽な仕事など、できる限りの便宜にあずかるよう奨め、宣教団の年下の人々にも助言を与えた。

洋風の家は日本式の家屋よりもずっと快適で健康に良いので、ガルストの回復を早めるため、わたしたちは、芝区の家から数キロの築地にあるバンガロー式住宅に移った。「築地」という言葉は「築かれた土地」という意味である。この場所は昔ごみ捨て場であった。この土地はペリーの時に、憎むべき外国人への「譲歩」として下げ渡されたものである。築地には専ら外国人が住んでいたが、このことはある面では欠点であったが、他の面では利点であった。わたしたちはここでこの都市で唯一の外国人子弟のための学校施設を利用できた。ユニオン教会では、英語で礼拝が行われ、外国人子弟のための午後の日曜学校はすばらしい特典であった。わたしたちは築地では旅券による制約を免れたが、この都市の他の地区ではたった一晩過す時でさえその制約の下にあった。

転居は健康のためになったが、病人が切望する体力は熱心に追い求めても、なかなか回復しないように見えた。一年以上もの間、ガルストは療養に全力を尽した。更に一年の間ガルストは、計り知れぬ忍耐と心の優しさをもって、惨めな無力さと戦った。ガルストはその強いられた待機の歳月の間、「苦労し、骨折って、しばしば眠らずに過ごし、飢え渇いた」〔コリント二、一一・二七〕パウロに思いを寄せることができた。ガルストの食事はやむを得ず非常に制限されたものであったが、彼が不満を表わしたりあれやこれやを食べたいと言う「願い」を聞いた者はいなかった。月例の伝道会議の際、わたしたちは昼食のため皆で食卓を囲んだ。このような時、ガルストの食事は特別に調理されたが、彼は仲間に加わってあついミルクを飲み、あぶった肉と焦がしたパンを食べながら、「理性の食物と魂の飲物」を楽しんだ。ガルストは特別な料理を用意する配慮に対して、女性の主人に感謝して、「今まで食べたうちで一番の御馳走でした」とよく言ったが、この言葉は偽善ではなかった。というのはガルストは、人間の手が差し出すあらゆる親切と天の父が授けるあらゆる恵みに、深く感謝したからである。ガルストの心の歌は常に感謝と静かで熱烈な喜びの歌であった。

ガルストはこの苦しい月日の間決して怠けていなかった。彼は一定の時間は休息を守って、大量の仕事をこなした。ガルストは訪問をし、質問者と応待し、しばしば説教し、多くの文章を書いた。恐らく彼の強烈な同情心は衰えた体調には支障となったのであろう。貧富の対照は苦痛を覚えるほど著しかった。つまり西洋人の想像を絶する貧困がある一方では、甚だしい富の浪費の証拠が十分にあった。

一八九四年二月の天皇の銀婚式が富の浪費の良い実例である。この行事は皇居で行われたが、この建物は五年の歳月をかけて建てられ、富裕な日本人が加えた巨額の金と多くの芸術家の奉仕を除いても三百万ドルの費用がかかった。部屋は漆塗りの枠のついた板ガラスのふすまに囲まれている。天井は芸術品で、一枚一枚の鏡板は宝石のように貴重なものである。壁にはきらびやかな錦が掛かっている。宴会場は四六〇メートル平方あり、壁にははたが織るもっとも美しい絹が見事なひだを成して垂れ下がっている。天皇は大元帥の制服を着、皇后はダイヤモンドがきらめく白サテンの輪入のガウンに装い、ダイヤモンドの宝冠を載いていた。豪勢な晩餐に招かれた客は各々記念品として、亀の上に立つ実に美しい銀製のコウノトリを与えられた。他の客は蓋にコウノトリと亀が彫られた銀製のキャンデー箱を受けた。

対照的に一八九六年の労働者世界のいくつかの数字を挙げよう。五年間で生産は十倍に増え、労働需要は五倍になったが、賃金は相変らず低い。米、茶、砂糖および燃料は一〇ないし二〇パーセント値上りした。工場生活をちょっと見てみよう。日本の工場の三分の一は大阪市にある。わたしが文を書いている時点で、従業員は六〇歳から一〇歳までで、その一〇パーセントは男性であり、二三パーセントは棉を紡ぐ女性であった。彼らは一日に十一時間働き、一週は昼、次の週は夜勤めていたが、夜勤労働者は昼間の労働者と同じ賃金を受けていた。陸軍の入隊志願者の九四パーセントが体力不足のため入隊試験ではねられたのも不思議ではない。

ガルストはいつも苦しみの光景に接して深く心を動かされた。ガルストは神が被造物の幸福を図っておられることを信じていた。ガルストはパウロが祈り求めていた「からだ、魂、霊」の救いを信じていた。彼は「人間が人間に加える残忍」〔R・バーンズ、Man was made to mourn, 1786より〕こそ「無数の民衆」の悲しみの種であると感じた。ガルストは、福音の教えが拒まれることをたびたび経験した。もし神が本当に「愛の神」であるならばこのような惨めな事態が起るはずがないと考えたのである。ガルストは、心からもがき苦しんで、「物質的なものをひどく欠いている人々に向って命のパンと命の水を説けようか」と繰り返し叫んだ。

家庭の天使

伝道の業に励むガルストにとって河村洋次郎が頼りがいがあったように、おイノさんは家庭生活を営むわたしたちにとって頼もしい存在であった。わたしはおイノさんをわたしの「池のゆり」の友だちと呼ぶ。日本人は、はす（ゆりと同様に池の中に生える大きく神聖な花）について、「もっとも汚れた泥の中に生えるけれども、花は清らかで汚れを知らない」と言う。おイノさんが、わたしたちが秋田で迎えた最初の夏、わたしたちの家に入って来た時、わたしたちは彼女の並外れた背丈、がっしりした姿、ほおにえくぼができてばら色の整った母親らしい顔、優れた判断力にひかれた。人柄を知れば知るほど彼女が大好きになった。わたしたちは彼女の家を訪れたが、この魅力溢れる女性が日々どんなにみすぼらしい環境からやって来るかを知って驚いた。わきに調理するための小さな場所がある一部屋〔の家〕は、五人家族が暮すにはまことに狭い住まいであった。床には畳がなかった。これはまれなことであって、甚だしい貧困を示していた。この人たちは、昔は武家の身分で裕福であった。この共通の居間の片隅だけが雨風をしのげたので、嵐の時には一家はそこに群れ集まった。しかし母親の並外れて明るい性格がうち勝った。彼女はこのような際、笑い出したのである。すると娘のおテッさんは「お母さん、何で笑うの」といらいらして叫んだ。すると「泣いたほうがいいの」と母親の答が、すぐに元気よく返ってきた。それはミカドの勇敢な臣民たちを窮地から救い出した不屈の生きる姿勢を示した。一八九五年のある海辺の祈祷会でおイノさんは若い頃の経験を少々語った。子供の頃、彼女はいつも「神棚」をきれいにしておくように言われた。「わたしはどうもいつもそうするのが嫌いでしたが、母にそう言われたので仕方なく偶像にはたきを掛け、食物や花の供え物を取り替え、ろうそくをともしました」と彼女は話した。大人になったばかりの時、父親はそれまでに亡くなっていて、おイノさんは兄が重い病気に倒れて大きな試練に立たされた。兄はやもめになった母の支えだったからである。彼は死にかけているように見えた。おイノさんは菩提寺に急ぎ、坊さんに兄の命を助けてくれるよう神に祈ってくださいと頼んだ。しかし坊さんは神に捧げる物を持ってこなければ何もできないと言った。彼女は急いで家に帰り、母親に相談せずに一番良い着物を売り払って立派な捧げ物を持って寺に戻ると、坊さんはそれを神に供え、おイノさんの言葉では訳の分らない祈りをもぐもぐ言い、彼女に向って、「もう大丈夫、あなたの兄さんは助かる」と言った。心も足も軽やかに、妹は家路を急いだ。兄は何日かの間は大分良くなったが、ひどく衰えてまもなく亡くなった。

「兄は死んでなどいない。坊さんは助かると言ったんだから」と彼女は悲しげに言った。彼女は親類たちに兄の埋葬の準備をしないよう頼み、三日三晩の間食べたり眠ったりしなかった。しかし兄は亡くなったから埋葬しなければならなかった。それから「九年もの長い間」、おイノさんは、寺に行かず、神に祈ることもなかった。ああ、神の導きで、この飢えた魂にその九年にもわたる嘆きの答をもたらす手立てになれた喜びは言い尽せない。キリスト者として、おイノさんは人の命を祈り求めても与えられないかもしれないことを知っているが、キリスト者としての信仰を抱けば、何と大きな慰めと強い力を恵まれることだろう。おイノさんの言葉では、異教では愛という考えなどなく、祈りが思うように叶えられないと、人々は神が腹を立てて、彼らを罰しようとしているのだと教えられる。

「愛という考えなどない」。子供たちの親切な神である地蔵や慈悲の女神である観音の話をして、この言葉に反論しようとするのか。手元から奪われた愛し子の霊を、不気味な霊界の流れの乾いた川床で絶えず小石を積む者として描く、涙にくれる母親は、何と答えるだろうか。幼子たちは泣き祈りながら小石を積み上げるが、鬼がやって来てそれを崩してしまう。地蔵が助けに駆けつけるが、それもしばらくの間で、子供たちは再び仕事を始める。母親は苦しみもだえ、坊さんに守ってもらえば子供もどうにか楽になるだろうと思って、幼子のおもちゃや着物を持って寺に急ぐ。寺の祭壇の前に下がっている綱には天井から床まで幼子のよだれ掛けが吊るしてある。もし母親がかなりの捧げ物を出せば、坊さんがこの綱を力一杯引っ張り、鈴の響きは気をもむ母親に、神が旅先から呼び戻されるか眠りから覚まされることを信じさせる。しかし悲しいことにこのような悩む母親の多くはごく貧しく、僅かなさい銭をあげても坊さんは少ししか答えてくれない。彼は、彼女には分らない祈りを少々唱えてから、経木に祈りを書きつけ、それを近くの亀寺に持って行くように言う。そこに行くと台座に載った青銅の亀がある。亀の口からは小さな水の流れがしたたっている。母親は長い竹の取っ手のついたひしゃくに書きつけた祈りを入れ、亀の口からしたたる水の下に置く。もしそれが亀のそばの小さなおけに留まれば、祈りは叶えられたわけだが、それが大きいおけに入り、底の穴から出れば、彼女は苦労も無駄になったことを知り、悲しげに家に帰り、もう少し金をかせいで再び願い事を試みるのである。多くの母親はこの奇妙な信仰を本気で抱いているので、どこの地蔵の台座の回りにも小石が積み重ねられているが、これは、もしこの世で小石を積んで助ければ、幼子たちの負担が軽くなるだろうと信じる母親たちの業である。観音礼拝につきものの品を見るだけで、観音が与えることのできる慰めと主の情深い言葉の計り知れぬ違いが分る。主は、「小さな群れよ、恐れるな。あなたがたの父は喜んで神の国をくださる」〔ルカ一二・三二〕と言われた。

「神は……世を愛された」〔ヨハネ三・一六〕。福音の核心をなすこの言葉の故に、福音は、恐れと不安の感情に支配されている諸宗教よりも遥かに勝っているのである。

わたしたちの家庭に大変役に立ってくれたもう一人の女性は特筆に値する。おスェさんは、幕末の戦争で夫を失い、二三歳で未亡人となった。彼女は年老いた両親と二人の子供を養っていたが、子供たちは美しい娘と息子で、息子はやがて病気になった。彼女は知り合いになった時、子供たちを飢えから救うため、けなげに戦っていた。老人たちは既に亡くなっていた。三ドル半ばかりの手当で彼女は朝わが家に来て、夕方になると病気の子供の所に戻った。賃金は日本人の雇主から受けると思われるものより多く、わたしたちは多くの面で彼女を助けた。ひどく湿っぽい天候のため、わたしたちは夏も冬もいろいろな重さの毛の下着を付けなければならなかった。おスェさんは入念につくろって下着を非常に長持ちさせ、子供たちの世話を手伝ったり、客のもてなし方を教えたり、あらゆる集まりの込み入った作法を教えたりして大いに役立った。というのは彼女もまた「高貴の生れ」だったからである。彼女は長い間立派なキリスト者であり、今も秋田に住んでいる。彼女の子供たちは亡くなっている。

この二人の立派な女性をめぐる事情は確かに宣教師の家庭に関わる「使用人問題」に強い側面の光を当てるものである。宣教師は楽になり、彼女の能率は大いに高まる。暗く悩む生活は元気づけられ、喜びと平和が悲しみと絶望に取って代る。家庭の助け手が光り輝く中心となり、他の人々の生活が感化を受ける場合が多い。実際、家庭でいろいろ助けてくれるおかげで外国における伝道の業が果せるのである。もし厳しい天候と難しい言葉の負担に家政を切り盛りする者がこの国で経験する苦難が加えられれば、身体は衰え伝道はほとんど不可能になるだろう。しかしこの二人の女性のような「天の賜物」ばかりではない。使用人たちが不誠実と無能のためひどい苦しみを与えることが多いのである。そうした場合でも、もっと恵まれた国々で、家事を軽くしてくれる近代的便宜を欠いている時は、使用人は「必要悪」と考えられる。

九六年の夏は、恐ろしい津波のために日本で長い間忘れ難いものになるだろう。津波は東北海岸の小部分を押し流し、数分で三万の人間をさらった。その夏マクリーン夫人と四人の子供たちはわたしたちと一緒であった。というのは、今と同様当時も中国の暑さとマラリアから逃れる場所はなかったからである。夫人が日本に来たので、マクリーンは不衛生な揚子江流域で仕事を続けることができた。マクリーンは暑い時期の末にわたしたちの所に来て、夫人を家に連れ帰ることができた。

わたしたちは、海辺で少々「揺れ」を感じた。しかし猛威を振るった波が打ち寄せた海岸から三〇キロほどしか離れていなかったのである。時々地震の震動が感じられて心が安まらなかった。ある朝子供たちは丘の下の海辺にいる時、地面が揺れているのに気づいた。彼らは「津波だ」と叫びながら高台の方に死に物ぐるいで走って行った。彼らの母親たちは崖っぷちで子どもたちを迎えた。皆立ちすくんで、巨大な波が、激しい台風の時はよく見られるように、内陸に押し寄せ砂を根こそぎにする様を見守っていた。もっとも、海は池のように滑らかで、太陽は美しく輝いていた。またもわたしたちは摂理のすばらしい加護を不思議な気持で意識していた。というのはいつも水浴する時間なのに何とはなしに控えていたからである。もしわたしたちが水の中にいたら、子供たちの数が多いのに、泳ぎの上手な大人は少く、引き波が退く勢いはすさまじいから、全員が助かる望みはごく僅かであったろう。

わたしたちは来る日も来る日も台風が猛烈に打ち寄せる海を見守り、わたしたちのもろく小さな家は嵐に揺さぶられた。日本の家は、かなりの「たわみ」があって、今にもあたりに崩れそうになっても、そういう災いが起ることはまれである。

東京に帰るとすぐわたしたちはまた転居しなければならなかった。なぜなら休暇から帰った長老派の宣教師がその宣教団所有のバンガロー式住宅に住まねばならなかったからである。わたしたちの宣教師団が、徐々に現地に永続的な住宅を手に入れて、まともな住居で伝道者を常駐させているのは何という幸せであろう。

毎日人目を引く人物が築地の通りを人力車に乗って通るのが見えたが、それはリンカンやグラッドストーン同様記憶に値する人であった。シェレシェフスキー監督はポーランド系ユダヤ人で、両親は子供が名高い律法学者（ラビ）になることを切望していた。彼はヘブライ語の理解力がずばぬけていて、それを教えながら大学を終えた。一冊の新約聖書が偶然（？）手に入り、シェレシェフスキーは旧約聖書と比べながらそれを熱心に読み研究した。彼はやがてイエスが救い主であることを頭では認めたが、まだイエスに対する大きな愛を抱いていなかった。より大きな宗教的自由と教育上の利点を熱望して、青年は一八五四年にニューヨークに来た。彼は何人かのきわめて真剣なキリスト教徒のユダヤ人たちと親しくなり、彼らの仲間に入るよう奨められたが、言いなりにならなかった。一年後キリスト教徒のユダヤ人たちは国家の祝日として過ぎ越しの祭を守ろうと決心した。食事が済むと、キリスト教徒たちは次々に立ち上ってキリストに対する愛を証した。若いシェレシェフスキーはそれを聞きながら座っていたが、やがて頭を両手の上に垂れ、ほおに涙を流し、たくましい体をすすり泣きで震わせたという話である。次第に冷静さを取り戻し、シェレシェフスキーはくちびるを動かして祈った。まもなく彼はさっと立ち上り、強い感情で息を詰らせながら、「わたしはもはや主を否定しないで、主に従って世に出ます。」と叫んだ。バプテスマだけが本当の洗礼だと確信して、彼はバプテスト派の牧師に申し出、牧師は十分指導を与えてから、バプテスマを施した。彼は学生生活をおくっているとき、大きな試練と欠乏を経験した。彼はそれから神学校に入り、その後、生涯を中国に捧げる決心をして、一八五九年に中国に渡った。その地で彼は語学の才能を認められ、翻訳の仕事につけられた。毎日シェレシェフスキーは北京の中や市の西門外の大群衆に福音を説いた。一六年にわたる困難な労苦の後、彼はアメリカに戻り各地で尊敬をうけた。彼は資金を集め、中国に戻ると一八七九年の復活祭の朝、上海でセント・ジョン大学の定礎式を挙げることができた。これが中国に設立された最初のプロテスタント系の大学であった。一八八一年にシェレシェフスキーは日射病に倒れ、一八八六年までヨーロッパで治療を受けた。その年監督の職を辞し、家族と共に合衆国に帰国した。彼は手足がかなり不自由となり、口を利くのに大変苦労したが、聖書を中国の文語であるウェンリーに訳す決心をした。彼は人差し指（それだけしか使えない）だけで一日に八時間座ってタイプを打ち続け、遂に二千五百頁もの中国語をローマ字で打ったのである。この崇高な決意と雄々しい忍耐を秘めた人の姿を想像してほしい。これを漢字に書き直さなければならなかったので、シェレシェフスキーは上海に帰り、その後東京に渡った。そこには彼の著作を印刷するためのもっと良い設備があったからである。彼は二人の筆記者に一日八時間働かせ、この仕事に合計約二十三年を費した。彼は一九〇八年秋に七五歳で亡くなったが、一つはウェンリー、他は標準語の二つの訳を完成し改訂し、引照付きの聖書を著わす喜びを味わった。神のもとに召されたころ、彼は注解に取り組んでいた。この驚くべき人物は四億の人々に聖書を与えた。彼がやせ衰えて人力車に乗る姿は正に苦しむ病人のように見えた。シェレシェフスキーの立派な頭はこの人物の抜群の知的能力を物語っていた。アメリカのすべての男女に、この偉人とその雄々しい働きを知って欲しい。

13 複雑な経験

天然痘、暴徒および死

一八九七年冬、東京は天然痘の恐ろしい流行に襲われた。多くの家は隔離され、更に多くの家は法律を逃れて病気を隠した。貧困がこの法律逃れの重大な原因であった。〔病人が出ていることがわかると〕かせげなくなるため背に腹は変えられないで、人々は家の中に病人がいることをできるだけ隠し、寝具、衣類および家具は「質」に入れられるか売り払われた。その上、貧しい家には入浴の設備がないので、回復期の患者は表皮が脱け落ちないうちに公衆浴場に行った。聡明な進んだ医師たちは、こうしたことを避けるため全力を尽したが、大多数の貧しい何百万もの人々を、現代的公衆衛生の方針に従わせるのは決して容易な業ではない。

この頃二人の自前の伝道者がやって来た。つまりテネシーのナッシュヴィル出身のプリュエット夫妻である。二人の小さな日本家屋は貧しい近所の人たちのそばにあり、間には不潔な地表の排水溝があるだけだった。彼らは本当の宣教師になるためには、もっとも貧しい場所に居を置かねばならないと考えていた。彼らは自分たちの家で多くの集会を開き、汚れ、病んだ人々を迎え入れた。わたしたちはしばしば築地の方へ遊びに来るようにすすめていたが、とうとう彼らは招待を受け入れた。プリュエット夫人は体調が思わしくなく、訪問の二日目に、天然痘の症状が表われた。幸いにもわたしたちの家は、看護人たちと夫人のための部屋を別に取ることができたので、病人を家族から分けられるようにしつらえられた。病気は非常に重かったが、わたしたちは見事に切り抜け、誰にも病気が感染しなかった。わたしたちは十分に注意しなければならず、看護人や病人の盆からは食物はほんの一口たりとも台所に戻してはならない、ということを看護人たちに理解させるのに数日かかった。「もったいない」という昔ながらの声があがったが、不断の用心により事態をくい止めるのに成功した。

面白いことは隔離から解放される前の「お役所仕事」の消毒だった。むずかしい顔をした警官たちがミカドの臣民特有の威厳に満ちてやって来て、ありきたりの噴霧器でもったいぶって壁や寝具に消毒薬を吹きかけ、部屋は一昼夜開けたままにしておくようきつい命令を残した。言うまでもなく「内務省」がこの問題を受け持っていたが、もし役人たちが消毒、清掃、焼却、塗装それからそれに続く一般的な修復作業を見たら、ほとんど何もできなくなったに違いない。もちろんこれは一四年前の事であり、今では万事ずっと科学的に処理されると信じる。

ある夜のこと、本郷区（伝道団が定期的な仕事を行っている四つの区の一つ）の講義所から、ひどく遅くなって、ガルストが疲れ切った様子で帰って来た。この場所で彼が語り掛ける聴衆は、店の低い貸部屋に集っていた。この地区の住民は乱暴で教育をあまり受けていなかった。ガルストが非難した罪の中には芝居見物があった。聴衆はガルストの言葉に腹を立てた。彼は夜遅くまで彼らとやり合ったが、彼らの機嫌を元通りにすることができなかった。ガルストが家路に着こうとすると、通りは興奮した暴徒で溢れ、彼らは宣教師に土の塊を投げつけ始めた。手近に石でなくて土しかなかったのはもっけの幸いであった。

一八九七年二月にハートショーン博士は亡くなった。読者はこの立派な人物と令嬢の一八九三年の訪問と、日いずる王国を再び訪れるという約束をしてアメリカに帰ったことを覚えているだろうか。二人はこの約束を果した。再訪について話し合っている時、博士は令嬢アンナに、「再び行くことになれば、おまえはひとりで戻らねばならない」と言った。

こうして二人はまたやって来て、わが家から二軒離れたところに住んだ。彼らの家は静かで洗練された集まりのための本拠となり、愛する令嬢（穏やかな博士が死が二人を引き離すまで優しくかばっていた美しく若い夫人と瓜二つ）が、愛想のよい品位と明るさで取り仕切っていた。数日間父親は具合が悪く、二月のある月曜の午後、アンナは病室用品を借りにわたしの所に来た。彼女はいろいろと話をして、特に不安を示さなかった。翌朝、父君が亡くなったという知らせが届いて、わたしたちはたいへん驚いた。〔前日〕彼女が庭を隔てたわが家から戻ると、父君は病状が悪化しており、重大な時が訪れたことが分った。賢明な博士は、再三命をおびやかしてきた発作は今度が最後のものになるはずだときっぱり言った。娘に、医者や気遣う友人たちに相談するために走り回ったりするようなごたごたは無しにして、最後の召しを、一緒に静かに待つだけにするよう心から頼んだ。こうして親子は地上の最後の長い夜の間互いに親しく語り合い、午前六時半に最後の瞬間が過ぎると、この気丈な令嬢は亡き父の手足を整え、顔を洗い、髪とあごひげをくしけずって、料理人を呼び、マックドナルド博士にメモを持たせた。少し後に料理人が朝食の用意ができたことを知らせに来て、「朝食の用意ができたとご主人に知らせてください」と言うと、ミス・ハートショーンは「今朝はここにいません」と答えた。

よみがえりの生活は墓のこちら側で始まるのは本当ではないだろうか。この二人はそれを実感していた。彼らはそれを自分自身の生活や他の贖われた生活のうちに見ていた。彼らにとってはそれは決して作り話ではなかった。賢い聖職者たちの多くの説教にもまして、絶対的信仰のこの素朴なあかしは、「心を騒がせるな。神を信じなさい。そして、わたしをも信じなさい。わたしの父の家には住む所がたくさんある」〔ヨハネ一四・一―二〕という励ましを高らかに響かせる。

日本は島の帝国を愛したこの神の人の聖別されたなきがらによって清らかなものとされている。

夜が明けそめる頃、その墓から、博士が称えた天の国を指すこの上なく美しい富士山を仰ぐことができる。

様々な務めと楽しみ

ギードー・F・フルベッキは、日本の草分け的宣教師として傑出していたが、一八九七年二月に亡くなった。この立派な人物がこの世を去った時、日本が受けた損失は大きかった。

この注目に値する年の春、わたしたちの五番目の子供であるレイチェルが生れてわたしたちは喜んだ。この時期は日本にとって前兆をはらんでいた。選挙権拡張について論じるため、有力な人々が効果的な投票の方法を知ろうとしてガルストを訪れた。国会議員の根本正(ショー)(未成年者の喫煙を禁止する法案を提出することに成功したすばらしい人物)は「比例代表制」についての小冊子の起草を手伝った。

キリスト者たちは週の最初の日をより厳しく守ることを力説していた。キリスト教婦人禁酒同盟の国際代表ミス・クララ・パリッシ(現在はライト夫人)の優れた働きは、「全国禁酒連盟」の結成をもたらし、このような正しい生活の首唱者たちは皆ガルストの暖い友情と援助を受けた。労使間の問題も前面に現われ、「労働の世界」の編集長片山〔潜〕はたびたびガルストと相談していた。

ＹＭＣＡの軍人部、商業学校、禁酒団体、その他様々なクラブから講演の要請があった。ガルストは、黄金律（訳注―マタイ七・一二）は生活のあらゆる面を支配せねばならないと硬く信じていたので、それぞれの場合において、すべて気高い訴えをした。

ウェストポイントの親友であり同級生でもあるニューヨーク市のベーコン大佐は、九七年秋にわたしたちの所で六週間過ごした。大佐の存在はガルストにとって特別な喜びであり、伝道の機会を増した。ベーコン大佐は仕事の用事で来ていたが、東京のＹＭＣＡや主な教会だけでなく、低く暗い講義所でもキリストを説く時を割いた。講義所では玄関で靴を脱ぎ、通訳を介して人々の中に良い心を呼び起さねばならなかった。大佐はすぐさま東京の宣教師団の一員となり、多くの心に力を与えた。トッピング夫人は、このような場合によりふさわしい家を持っていたので、わたしたちと共に大佐のための歓迎会を開いた。菊が咲き誇っていて、この上なく美しい花は友人を迎えるための美しい住居を設けるのに役立った。もし「宣教師あら捜し屋」がその場に居あわせたなら、ヘボン宅で出された七面鳥を報じたように、この時のもてなしを報じたと思う。あら捜し屋はどこにでもいるものである。もし宣教師が社交生活の多くの要求の一部にでも答えて、現地の外国人と親しく付き合えば、「大食いの大酒飲み」という非難が浴びせられ、もし特別な意味で接するようになった人々のさばききれない要求に一身を捧げれば、禁欲主義とか東洋に住む同胞たちの境遇に対するけしからぬ無関心の故にとがめられる始末である。キリストの時代も同様で、僕は主を超えることを期待すべきではない。「知恵が常にその所産から正当化される」のは、当を得ている。多様な要求に賢明に適応し、絶えず万人の幸福に対する心遣いを示すことができる宣教師は幸いである。世人は皆、ウィリアム・ジェニングズ・ブライアンが宴会の席で酒杯を断り、冷水で天皇のために乾杯し、何千もの人々に「平和の君」を説いて、日本で果したすばらしい働きを知っている。ベーコン大佐も地味ながら同じ事をした。この羽振りがよく人気のある実業家が宣教師と同じ教え、同じ関心を持って来た事実は日本人に深い感銘を与えた。

ベーコン大佐が出発するとすぐ、ガルストは、伝道の領域を拡げて旅行を続けた。たいへん忙しい冬が続いた。

ガルストは体調が良くなってきたので活動を拡げることができた。春になるとは再び広大な地域を回って、何週間も家を空けた。彼は毎日のように百人から六百人の聴衆に話した。ガルストは手紙の中でそれまで九年間人口一万人のある町で伝道してきたが、そこでそれまでに説教した外国人は自分だけであると述べている。ガルストは自分が公に認められていることが示すように「キリスト教に対する」偏見が薄くなっていることを深い喜びで語っている。例えば、ある町では郡の公会堂でキリストを説くことを許され、別の土地では公立学校の校長が集会の全責任を負った。この事実は、一八九八年の日本では大変な事だった。このようなわけでガルストはごく短い報告の結びに、「巡回の旅をする度に、日本における速やかな収穫の見通しにますます心を打たれる。作物は十分に実っているように見える。多くの人が神の倉庫に取り入れられんことを」と心からの叫びを記した。

この頃ガイ夫妻とガルスト夫妻が、日本人の働き手たちから帝国中を出来るだけ広く巡回するよう頼まれた事実は、排外感情が弱まり、仲間たちがこの人々を深く信頼していることを表わしている。

スペインとの戦争はわたしたちに身近な衝撃を与えた。わたしたちは、ベーコン大佐は州兵軍二十三連隊の大佐だから恐らく召集されるだろうと思った。ガルストの兄弟ペリーはモニター艦「テラー」の少佐だし、一人のいとこはマニラにいるデューイー提督の旗艦「オリンピア」に乗り組む機関士であった。モリソンは事の成行きにひどく気をもみ、ある晩、神が「アンクル・サム〔アメリカ〕」が恵み正しくふるまう知恵をお与え下さい」と熱心に祈った。その祈りが終ると、「ダッチィ」は急いで部屋を横切って来て、「ママ、あれ聞いた。どうやらあの子はアンクル・サムって本当の人間だと思っているようよ」と小声で言ったが、優しい十歳の娘と六歳の息子のどちらの方がかわいいと思ったらよいか迷った。このことがあってから数日後の夕方、「ダッチィ」は幼い弟が涙にくれているのを見つけ、彼が悲しんでいる訳を心配して聞いてみると、「僕は年がいかなくてお国に何も役に立てないからだよ」という答が返ってきた。

この頃ガルストは古物屋でたまたま人力車を見つけ、七五セントで手に入れた。これは幼いレイチェルの王座のようなものになり、彼女が出かけたくなるたびに、モリソンは喜んで召使になった。車夫の動作を真似て、彼は家の近くの静かな通りを走り回った。レイチェルの日よけ帽の縫取りしたひだ飾りが風にはためき、楽しげな幼顔は幸せな心の喜びを物語っていた。それは美しい光景で、わたしたちは写真に収めて思い出を保存した。その写真は、モリソンがその時のために仕立てた衣装を身につけ、「ダッチィ」はお決まりの日本の傘を差し、着物を着てポーズをとるように説き奨められて、全く「日本風」なものであった〔口絵XI頁〕。

札幌の夏

フランク・マーシャル夫妻はこの年の夏の間に宣教団に加わったが、主として日本の気候の影響で起った夫人の神経症のため長く留まることができなかった。夫妻は合衆国内で教えて伝道事業のため大いに尽した。マーシャル教授は今オクラホマのイーニッドにあるクリスチャン大学で、世界最大の伝道研究講座の一つを担当している。

健康をそこねた宣教師にとって日本で最良の場所は、北海道の都、札幌である。療養者がアメリカ人である場合、このことは特に当てはまる。小樽港からこの町に至る鉄道は、ヨーロッパ式ではなくアメリカ式に基づいて作られている。この町自体コンパスの度盛にほとんど忠実に設計されていて、通りは直角に交差している。それに対し、他の所では通りはなうての「牛の道」同然である。寒い気候と地震が無いことは本州とは異なる建築様式を可能にし、漆喰を塗った壁、煙突、窓のある家々が目に入る。他の所で見られる吹きさらしで草のない庭の代りに、杭垣や「庭の木戸」で囲まれた草の茂る芝生がある。通りは広く、歩道にカエデやニレの木が植えられ、多くの「本国の」花々――パンジー、キンレンカ、フロックス、タチアオイ、アメリカナデシコが咲いている。町の向こうには小麦や亜麻の畑がある。

国立の農業大学〔北海道大学の前身〕の近くには大きな赤い納屋があり、中には作物が最新式の機械で取り入れた後貯蔵される。バターやチーズの製造を見守り、肥えた純血種の家畜を見ることができる。その時わたしたちが見た馬の中には、グラント将軍が日本を訪れた後、天皇に贈った優れた種馬の子孫もいた。それに大きなさくらんぼ、りんご、マルメロやベリーなど実においしいアメリカと同じ果物がある。空気は本州よりずっと乾燥していて身を引き締める感じがする。

〔札幌まで〕長旅が必要であったが、わたしたちは、ガルストが健康を十分に回復し、失われた二十七キロの肉を取り戻せると思って、一八九八年の夏を札幌で過ごすことに決めた。わたしたちはこの計画に従って最愛の日本で長年奉仕することを祈った。忠実なおテツさんも同行した。本州の東岸を北上し、函館で海峡を通り、北海道の西岸を回って小樽に行き、それから少し汽車に乗る三日間の旅であった。わたしたちは長老派宣教団のミス・スミスから夏の間空いている女学校の建物の一部を借りた。わたしたちはすぐに転地の効用を感じた。

しかし、ガルストは少し丈夫になるとすぐに伝道に一層力を入れた。ガルストは秋田から来た回心者たちがキリスト教の伝道を固めていた幾つかの鉱山町を訪れた。これはガルストにとって長らく待望の機会であり、日本人の友人たちを大いに力づけ励ました。多くの訪問者が新しい宗教について話すためにわたしたちが泊っている家に来た。わたしたちは大きな合唱学級に出て子供や家庭の生活に触れることができた。

夏の間、何週間も南京から便りがなかったので、マックリン夫妻のことが心配でならなかった。待ちに待った手紙がとうとう来た時、わたしたちは文面を読んで心が痛んだ。かわいらしい病弱な娘イーディスの誕生と死、マックリン博士の極めて重い病気が伝えられていたからである。マックリン夫人が弱った病身であちこち歩き回り、博士を介抱しながら長い危険な旅をして高地に連れて行き、神の恵みによって命を救われた短い話を一部始終たどるうち、わたしたちの胸は張り裂けんばかりであった。

すでにガルストは、「いつも二回目の休暇の前にあなたを南京に行かせたいと思っていたが、これこそ格好の時です。わたしは秋の間ずっと旅を続けて家にいることはほとんどないでしょう。〔あなたが〕妹さんを励ましに行くのは本当に良い事だね」と言った。

東京に戻った途端、中国の宣教団を補強に向う途中の宣教師たちの訪問を受けて嬉しかった。包囲された軍隊が救援を求めるのと同様、熱心に宣教師は増援を待ち望む。オズグッド博士夫妻、ウェルプトン博士、カニンガム夫妻が待ち設けられた人々であった。カニンガムは途中病気に倒れ、治療のためアメリカに留っていた。一八九八年の東京には電話設備がなく、電報による短い伝言であったが、料金は五セントしかしなかった。わが家に急いで宣教団の人々を集めて、二十人が昼食の席に集まった。汽船は数時間しか横浜に停泊しなかったので、客人たちを大都市のあちこちへと案内する暇はほとんどなかった。オズグッド博士夫妻は長年すばらしい奉仕をした後まだ中国に留まっている。ウェルプトン博士は病気で本国に帰り、東洋の発展を興味深く見守っており、ボランティアや伝道の働き手たちの思いやりある友である。

14　終わり迫る

南京訪問

わたしたちは、今や南京旅行の用意を急いだ。家事の費用を切り詰めるため、おイノさんは彼女が来てくれることを大変喜び期待している静岡のプリュエット夫妻の家に行った。おテツさんは父親と兄弟と一緒に残って、ガルストのために家事を切盛りした。中国旅行は財布に重い負担だったので、更に節約するため、わたしたちは二等で行くことに決めた。別れを告げる段になって、わたしたちはモリソンの姿が見えないことに気づいた。彼は父親と別れるのを恐れ、間際になって甲板に出てこようと思って、「それまで船室で」気持を静めようと船室に急いでいたのである。しかし彼が戻らないうちに渡し船は「わたしたちの乗った」大きな船のそばを離れており、再び父親に会うのに遅れたことが分ると悲しみに暮れた。ガルストも同様にがっかりしたようであった。ずっと後になっておテッさんが話したところでは、翌朝食事の時あまりにもガルストが沈んでいるように見えたので、心配したということである。いつも明るい気性のガルストが暗くなっている時は、疑いなく何か悪い事があるに違いないと彼女は思った。ガルストは、船が難破してわたしたちが皆海の底に沈んだ生々しい夢を見て、夜ほとんど眠れなかったと打ち明けた。不思議なことにわたしたちは異常な体験をした。真夜中に、どんなにぐっすり眠っている人でも目覚めるような、ぐいという動きで乗っていた船が止まった。少しの間大洋の真中にじっと浮んでいた。朝になって船が危い所で正面衝突するところで、「間一髪」会わずにすんだことが分った。

二等船室はひどかった。船室自体は何とか我慢できたが、夜更けまで飲食が行われている娯楽室に通じていた。やっと浮かれ騒ぐ人々が引き揚げると、わたしは風通しを良くするため部屋の戸を開いたが、その途端船倉から出て来たねずみたちがどんちゃん騒ぎを始め、部屋をあちこち跳び回ったりベッドを横切ったりしたので、眠っている子供たちがひどい目に会わされるのではないかと思って目をはなせなかった。一頭の馬がわたしたちの船室の真上につながれていたが、血迷ったように蹴ったり、前足で掻いたり、いないたりしたので、さすが大胆なモリソンでさえ馬が天井を破ってわたしたちの上に落ちてくるのではないかと心配した。しかしわたしは、恐ろしい海の波が打ち当ってもびくともしない甲板は、血迷った動物がぶつかっても平気だと彼に思いこませた。

一週間の航海は終り、わたしたちは上海でベントレー夫妻に暖かく迎えられた。それから揚子江をさかのぼる旅が始まり、南京で楽しい出会いがあった。数週の間研究や遊びをし、様々なミッションスクールを訪れたり、中国人の礼拝に出たり、東洋のこの地域の生活の新たな面に慣れ親しんだりした。わたしたちは堅実で落ち着いた中国人が「フランス風の」日本人と大分違っているのを知った。子供を含めて五十人ばかりの様々な教派の宣教師たちとの楽しい交わりがあった。ある日の夕方、彼らは音楽や文学の娯楽のためマックリン博士の家に集まった。マックリン夫人は幼いいとこたちに、中庭とベランダの整理を手伝ってくれれば、夕方寝ないで起きていてもいいと言った。ほどなくわたしたちは大半の子供たちがあんずの木に上っていることに気づいた。

「見て、お母さん、僕らは小鳥の真似をしているんだよ」とセオドアは叫んだ。

「いいわね」と小柄な母親は答えた。「小鳥は日が暮れると寝るのよ」と彼女は言って、子供たちが木を伝って地面に降り、熊手とほうきをつかんで、引き受けたまじめな仕事に本気で取りかかるのを見ると、「おいたすればお仕置よ」と陽気に歌った。「ああ、わたしもいつもあんな風に子供たちをきちんと仕付けられたらいいのに。いらいら腹を立てているよりずっといい」とわたしは思った。

ソー夫人は、わたしの一七年目の結婚記念日に黄色い菊の大きな花束を持って来てくれた。夫人は若いやもめ暮しのつらい日々の間、他人のために気丈に暮そうと努めていた。一八九八年の春、夫のソーは病気で飢えに苦しむ中国人の介抱をしている間にかかったチフスで亡くなった。ソーは宣教師や中国人たちに深く愛されていた。夫人は〔伝染病のために〕隔離された夫を見取り、ひとり墓までついて行った。葬儀は病院の中庭でたいまつの明かりで行われ、友人たちは少し離れて聞える限りの言葉に耳をそばだてていた。というのは伝染を防ぐための最善の策を採る必要があったからである。その葬儀は大変無気味で物悲しかった。

ガルストからはたびたび明るい便りが届いた。彼は自分の働きを大いに楽しんでいる様子だった。ガルストは、再び〔中国に来る〕機会はなかろうから、南京訪問をゆっくり楽しむように奨めた。便りには「四人のいとしい人」のいない家は中身のないかき殻のように見えると書いてあった。

海外電報

南京の宣教師館は、町から少し離れたところに位置し、丘の上の環境のよい場所にある。厳寒が何回か訪れて低地の沼からの毒気が消えるまでは、マックリン博士はわたしたちに大きいが、不潔な中国の都市を見て欲しくなかった。わたしたちは博士の診療所の仕事と「土地本来の荒野」に暮す人々の生活を是非とも見たかった。遂に万事好都合となり、ある月曜に出かけることが決って、わたしたちは、朝早く出発するつもりで、日曜の晩早く床に就いた。夜の三時頃にわたしは誰かが寝室に入って来るのに気づいた。わたしはのどが詰まるような感じがして起き上がった。わたしはすぐに家から悪い知らせがあったのだと感じた。「ああ、姉さん、びっくりしないでよ」と小柄な妹は言った。「昨晩姉さんが二階に上がったすぐ後で海外電報が来たの。チャールズが病気で、みんながあなたに帰って欲しがっているのよ。朝の三時に姉さんを起こせば仕度をする時間があるのが分っていたけど、休んでもらいたかったの」。

一瞬、わたしはつらい経験を生き抜いてきたこの妹にしがみつき、それから子供たちを起こし、急いで日本に戻る用意を始めた。わたしたちは六時に川汽船に乗るため出発した。マックリン博士と善良な中国人女性ルーマが上海まで同行してくれたが、一時間のところで横浜行きの汽船に乗り遅れてしまった。それは全くひどい失望であった。というのは別の汽船を四日も待たねばならなかったからである。しかし妙な話だが、わたしたちはこの不幸にも摂理を認めるようになった。なぜならまれに見るような嵐となったため、予定の船に乗って無事に港に着いたとしても、旅の苦しさで疲れ切ってしまい、病室での務めを十分に果せなかったからである。

四日間の待機はいつ果てるとも知れなかった。ある日の午後わたしたちはベントレー夫妻を訪ねに行った。ルーマはレイチェルをひざに載せて人力車に乗った。他の者たちは歩いた。わたしたちは自分の部屋に戻る途中、レイチェルのためコンデンスミルクを買いに食料雑貨店に立ち寄った。わたしたちが店の外に出るとルーマの姿はどこにも見当らなかった。わたしたちは立ち寄った場所に行けば彼女が見つかると思ったが、見つからずにがっかりした。わたしたちはおびえきった。というのは上海は邪悪な都市で、ぞっとするような暗い裏通りがあり、単に身につけている着物のために殺された人についての血も凍るような話も珍しくないからである。マックリン博士はこっちの方へ急ぎ、わたしはあっちの方に走り、やがて電話の通報で警察も動き出した。半時間ほどわたしたちがはらはらしていると、ルーマがわたしたち同様におびえて乗物でやって来たが、レイチェルは彼女に抱かれてぐっすり寝ていた。ベントレーの家の門の所で別の車夫が人力車を引受けていたのに、わたしたちはそのことに気づいておらず、またルーマが家の番号を知らないので、車夫に道を教えられないことを知らなかったのである。そこで、彼女は、わたしたちを見失ったことが分ると、指図してもらうためベートレー宅に引き返さなければならなかった。いかにも「終り良ければすべて良し」ではあるが、半時間ほどはひどく心配だった。

わたしたちは日本で初めて寄港した下関で石炭積み込みのため二四時間停泊した。東京に向けた電報に「次第に快方に向っている」という励ましの言葉が返ってきた。わたしたちは神戸で汽船から降りて鉄道で東京に向かって二四時間を切り詰めた。わたしたちが出した電報はどういうわけか目的地に届き損ない、新橋には誰も迎えに来なかった。家に着くと病人は思いがけない出会いにほとんど耐えられないほど弱った様子だった。ガルストは、やっとのことで息をして、枕に寄りかかかって高い姿勢で座っていた。あごひげは伸び放題で、寒気から身を守るために小さな帽子をかぶった姿はまことに異様であった。不安の一週間が続いた。わたしたちは、望みと恐れの間を揺れ動きながら、昼も夜も彼を看病した。プリュエット夫妻とおイノさんは、おテツさんからの知らせを受けるとすぐに来ていたが、この病める人は、疲れた子が母親に向かうように、日本人の親しい友に頼った。彼女は病人の髪を整え、栄養をとるよう説き奨め、家族が帰る時のことを優しい口調で話し、詩篇の二三篇を読んで聞かせた。このキリスト教徒の女性は秋田でわたしたちの所に来た時、ほとんど全く字が読めなかったのである。

クリスマスの朝、私がカーテンを引き、溢れんばかりの日光を病室に入れた時、ガルストは「主は今日よみがえられた」と言った。というのはその日は日曜で、キリストの復活こそガルストが生涯かけて心に秘めていた信仰だったからである。伝道の旅から帰ったばかりの一二月四日、ガルストは東京の説教壇に立って、日本語で「主の復活」について説いた。それはガルストの最後の説教であった。

日本人も外国人も互いに競い合ってガルストに対する思いの丈の愛情を表わした。祈りも忘れられなかった。北から南に至るまでキリスト信徒たちは心を合わせてガルストの命が救われることを祈った。

長い闘病はガルストの体力を次第に衰えさせ、合併症に耐える力が残っていなかった。まず肝臓障害を伴うインフルエンザ、それから肋膜炎を伴う肺炎にかかった。クリスマスの朝に、わき腹が切開され排液され、それ以上の手術が計画されたが、体がどんどん弱ったので取り止められた。この間ずっとガルストは自分の周囲の人々のことを実によく思いやった。彼は足をねんざしているミス・オルダムの家のある少女のことを思い出して、体調を心配して尋ねた。

クリスマスの夕方体が大変衰弱していると言われ、死の怖れを抱いているかと聞かれると、ガルストは、「いや、信じている方のことを知っているから」と答えた。また別な時にガルストは、「親類の皆によろしくと言ってください。わたしは死者をよみがえらせる力を持っておられる神様に皆さんを任せることしかできず、他のものには信頼していないと伝えてください」と言った。更にガルストは、わたしに、「ルーズさん、マックリンさん、レインズさん、それから仲間の働き手の皆さんによろしくと言ってください。子供たちには、わたしはおまえたちがかわいくて仕方がなかったから、父親の務めを果せないのは残念だが、お母さんの言うことを聞き、神様の前に正しい事をし、主を信じ、良い行いをするよう言って欲しい」と言った。後で他に遺言はないかと尋ねられると、ガルストは「わたしの人生こそわたしのメッセージです」と言った。ガルストは、「信仰こそ勝利」〔讃美歌一四六番〕という歌を所望し、歌が終ると、「すばらしい」とささやいた。ガルストは自分に言い聞かせるように、「わたしは復活であり、命である。わたしを信じる者は…決して死ぬことはない」〔ヨハネ一一・二五〕とそっと言った。ガルストは絶えず愛する人々のことを考えていて、「これは、あなたがたのために与えられるわたしの体である」〔ルカ二二・一九〕と呻くように言った。ガルストは自分の体が実際に引き裂かれそうに思えるほどの痛みを覚えた。一二月二八日午前二時半に、気高い心臓は鼓動を止め、魂はガルストが深く愛しあがめていたキリストのもとに帰った。

ひつぎは日を定めてガルストの書斎に日本の国旗に包まれた棺台の上に置かれた。上の方には合衆国の国旗が垂れていた。さまざまな国々の友人たちがもう一度優しい顔を眺めるために来たが、その一人は、「日本人の男性が泣くのは珍しいことであるが、日本人の友人の多くはひつぎのかたわらに近寄ると悲しみにむせぶ声で、ガルストは自分たちのために命を捧げたのだという皆が抱く感情を表わした」と伝えている。それから自宅で静かな礼拝、青山で身内だけの埋葬、YMCAで日本語の記念礼拝、その後築地のユニオン教会で英語の記念礼拝が行われた。

アメリカに帰る用意をする忙しい日々が続いた。というのは愛する仕事を止めるよりほか仕方がなかったからである。わたしには三人の幼い子供たちの面倒をみる務めがあったので、仕事を続けるわけにはいかなかった。グレッチェンは父親の死が与えた動揺のため体の具合を悪くした。立派な汽船が三週間後に出航する予定になっていた。差し迫った用事に夢中になることが気晴しになるような時であった。友人たちはわたしたちの周りに集まり、あらゆる援助を与えてもくれた。米国政府の代表者たちはなんなりと用事をいいつけてもらいたいと申し出た。帝国大学のある教授は、もし事態に対処する金銭上の用意が出来ていない場合は金を借してあげようと申し出た。遥か北から南の地方に至るまで同じ信仰仲間のキリスト信徒たちは、貧しい暮しの中から急いで贈物を贈ってくれ、家事を手伝う人たちは、わたしの気苦労——日本での残りの日々の間だけでなく本国での来るべき月日中の気苦労——を取り除くため最善を尽すのに疲れを知らず、せっせと縫物をして、衣類や寝具類を直したり作ったりした。おイノさんは家族会議を開き、わたしについてアメリカに行くのを許してもらいたいと頼んだ。彼女はたとえ承諾が得られたとしても、わたしは費用のためにとても彼女を本国に連れて行くわけにはいかないことが分らなかった。

秋田からは、子供たちのための「びっくり箱」が送られて来た。その中には長い航海の間、毎日何か新たな楽しみを子供たちに与える本、おもちゃ、砂糖菓子、愛の手紙やおどけた言葉などが入っていた。

ほとんど一四年経った今でも、わたしは涙を浮べながら見たやさしい顔を思い出す。東京の新橋駅、その後横浜の波止場、終りに船の甲板の上で見た顔である。「早く大きくなって、帰って来て、お父さんの代りになるんですよ」という子供たちへの別れの言葉を再び耳にした。大きな船は海にゆっくりと乗り出し、わたしたちはまた大海原の上にいるが、なおも「とこしえの御腕」〔申命記三三・二七〕は下にある。その御腕は決してわたしたちを見捨てなかった。

ホノルルでは多くの同情を表わす伝言が待ち受けていた。サンフランシスコや大陸を越えて進む途中に立ち寄った方々の場所では、たくさんの家庭や人々の心が思いやりある慰めを差し伸べた。最後にアイオワの小さな町クーン・ラピッズでは、親類たちが、わたしたちのもとを去った優しく力強い人物がいないことを別として、すべてをできる限り家庭のようにしてくれた。その後教育上の便宜の必要から、わたしたちはデモインに移り、それから九年間楽しく暮している。すばらしいことに神は数えきれない面で「百倍」の実を授けられた。「あなたの道を主にまかせよ。信頼せよ。主は計らう」〔詩篇三七・五〕。

15　他の人々に映ったガルスト像

友人たちの賛辞

ある人は「わたしは先生の男らしさとキリストらしさが好きでした。先生は誰にでも助けになりました」と言う。

伝道者たちの一団が、名高い金華山の遊覧の旅から戻る途中、海上に嵐が起った。F氏はその時述べた言葉のためにガルストのことを一番良く覚えていると言う。F氏は船が沈まなければいいが、自分は遊山旅行よりもむしろ伝道旅行の途中で沈みたいと言った。するとガルストは、「そんなことはないよ。もしわたしたちが健康のために休んでいるのなら直接の仕事と同じです。何をするにも主のためにしなさい」と言った。

別の友人は、「ガルスト先生のことを思い出すと、先生がスプーンで幼いレイチェルさんに食べさせている姿が浮びます。ある日Nさんと私が海辺で先生を訪ねた時、先生はレイチェルさんに食べさせていましたが、そのやり方があまり見事だったのでいつもそのことで一番良く先生のことを思い出します」と言う。

仲間の伝道者から、「ひどく悩んでいる時、よくわたしは助言と同情を求めに先生の所に伺いました。先生はどこが間違っているかを教えて下さり、自分のキリスト者としての務めをよりはっきりと知り、先生の助言のおかげでより良い人間になれたと考えながらお宅を後にしました」。

有名な日本人の言葉、「ガルスト氏が亡くなったので、現在あまりにも少数の禁酒運動の友を失ったことになる」。

S博士は、「ガルスト氏は友人たちと日本での主の仕事にとって大きな存在であった。ガルスト氏との交わりの喜びと支えのほかに、わたしはかつて個人的な危険から助けてくれた恩義を決して忘れたことはない。もし彼の助けがなかったならば、多分妻と子供たちはガルスト氏とご家族が今おられる所にとっくの昔に行っていたことだろう」と書いた。

わたしたちのある教会の牧師から、「ガルスト兄弟は信仰生活での師であり父でした。先生は主の名でわたしに洗礼を授け、わたしを教会に導かれました。わたしは決して先生のことを忘れず、先生がわたしに残された仕事を受け継ぎます」。

もう一人はわたしの子供たちの一人に宛てて、「わたしはお父さんから洗礼を受け、天への道を教えてもらいました。お父さんは言葉だけでなく、自分の生き方で教えてくれました」と書いた。「ガルスト氏は亡くなったのではなく、親しくキリストに会うために旅立たれたのだ。しかしガルスト氏は日本の伝道団の歴史に、日本のキリスト者の心に、そして命の書（ふみ）の中に生きている。わたしたちはガルスト氏を覚え、その教えを信じよう」とある日本人は書いている。

キリスト教徒の日本人の編集者は、「ガルスト氏は生きている間に日本のため忠実に働いたばかりでなく、われわれはガルスト氏の魂が国民たちを罪から救うため日本で長く働くと信じる。従ってわれわれは長くガルスト氏の働きを覚えるばかりでなく、この新聞の編集者として国民にその事を知らせるため努めよう」と言っている。

一八八〇年にインディアナのアーヴィントンでガルストと知り合った人は、「バトラーには数週間しかいなかったが、教会も大学もガルスト氏の良い感化を感じた。誰もがガルスト氏を知り、彼を尊敬した。彼の軍人らしい物腰は、真剣なキリスト教徒らしい生活と相まって小さな大学町の有名人とした。ガルスト氏は長身で、気品があり、まじめであるが、信仰と主への絶対的信頼の点で子供らしかった。在学中妹さんがガルスト氏を訪れた。数日経つと彼女はどうしても洗礼を受けたいと願った。新約聖書を手にして、ガルスト氏はぐずぐずせずに救い主に従う重要性を彼女に痛感させた。当時アーヴィントンにはバプテスマを受ける場がなかった。わたしは、罪を悔いた信者が受洗してキリストを着ることが出来るように、雨の降る月曜の朝市に向けて出発する小さな群を決して忘れない。ガルスト氏は主の命令は是非とも従わねばならないと信じており、妹さんも同様に信じた。そのためにはどんなに大切な事でも延ばすのは何とたやすいことだったろう。このような教師がチャールズ・E・ガルストであり、彼にとっては救い主の命令を取り違えることは出来なかった。ガルスト氏は神への尊敬、イエスと御言葉に対する信仰を抱いていた」とガルストについて書いた。

「合衆国陸軍の士官としての有望な前途を捨てて宣教師の仕事を引き受けた身のふり方の点で、わたしは何時もガルスト氏を尊敬していた」。

「チャールズ・E・ガルストはウェストポイントの卒業生であった。彼は正規の陸軍で将校に任官したのだから、そのまま昇進すれば、スペインとの戦争で勲功を挙げられるような地位に就いたことだろう。しかしガルストはもっと優れた役割を選んだ。ガルストはより貴い戦いで倒れた。奉仕と死によって、彼はパリー条約で調印されたものより輝かしい勝利に貢献した。彼の子供たちはどんな兵士の子息よりも豊かな遺産にあずかっている」。

「ガルスト氏の生涯で最初に感銘を受けたのは、彼が決断力に富む人物であったことである。恐らく誰でも同じような気持ちを抱くだろうが、ガルスト氏の決意は極めて深く心を捕えていた。わたしは彼が亡くなってから最近誰かが、ガルスト氏はこの国に自らの姿を強く印象づけていると言うのを耳にした。この言葉は正しい。彼の真剣さと献身は周知の事実であった」。

「どんな観点からガルスト氏の人格を考えても、われわれは彼の信仰と熱意に感銘を受ける。ガルスト氏の輝く生涯は人類の必要と同様広かった。正義を愛し不正を憎むことがガルスト氏の主要な動機であった。苦しむ時にガルスト氏は、『死に定められたこの体から、だれがわたしを救ってくれるでしょうか』、『わたしは信じた方を知っています』、『信仰こそ勝利です』、『あなたの神殿に対する熱情がわたしを食い尽している』とよく語った。以上の言葉はなんと真実であったろう。初めて日本に来た時から、ガルスト氏の考えはすべて日本の人々の間に正義と真理が行き渡ることであった。数日前、神田英語学校の校長である磯部氏から手紙を受け取ったが、それにはガルスト氏の生涯は日本人の心に焼き付いているから決して忘れられないと書いてあった」。

「ガルスト氏が一人の人間、一キリスト者として生きたことを知っている。彼の大目的は人々にイエス・キリストを説くことであった。われわれにはもっとも優れたキリスト者の信条を述べることはできない。ガルスト氏はキリスト者であり、それがすべてであった。向いに座る物乞いのそばを通り過ぎる人々の心を奮い起すにはロンドンのブース大将が必要であったが、日本の人々の注意を社会問題に向けるにはガルスト氏が必要であった。このような問題に両目を閉じる者に災いあれ。ガルスト氏はいつもただ一つの目で、つまりひた向きに主に従ったのである」。

「一八九七年の秋、嬉しいことにわたしは東京でガルスト氏と共に六週間過ごし、むさくるしい伝道の現場、大学、そして政治家の中で彼の働きに親しく接した。もっとも謙虚な人間であり、通例御言葉を喜んで受ける庶民を越えて力を振おうなど思わないにもかかわらず、ガルスト氏にだけは、わたしの知る限り、現地にいる他の宣教師には許されない方法で、日本の支配階級に影響を与える事ができた。わたしが東京に滞在する間、ほとんど毎日のように自由党員が公の重要な問題についてガルスト氏に相談した。このような指導者の一人は冗談めかしてガルスト氏は自由党の良心であるとわたしに語った。自由党党首、板垣〔退助〕伯爵とその副官たちと面談するためにガルスト氏とわたし自身に東京で催された食事の席で、公の重要問題——それ以来実現されたもの——が話し合われ、その究極の勝利が予言されたが、ガルスト夫人が日本の政治家、編集者および教師たちのために催した歓迎会でも同様であった。ガルスト氏は単税と比例代表制を心から信じ、信じたばかりでなく時を選ばず唱える勇気を持っていた。〔ヘンリー・ジョージ〕『進歩と貧困』を読んだ者なら誰でも、必ずその理論を支持する。もっともそれをどのように現状に当てはめられるか分らないかもしれないが。ガルスト氏は洗礼者ヨハネのように、民衆に悔い改めを説くためにあらゆる贅沢を控えたが、身分の高い人々も彼の助言を求めた。わたしはある日アズビル氏と大隈〔重信〕伯爵が催した歓迎会に行った時のことをよく覚えているが、その時ガルスト氏は外の大学に留まり、喜んで自分の周りに集まって来た大勢の学生たちと話し合う方を好んだ。翌朝学生たちの一人は十六キロの道を歩いて再びガルスト氏に会い会話を続けた。彼は当時まれに見るタイプの人物であった。彼は殉教者の特性を備えていた。原理に対する忠実さは彼の生涯を支配する信念であり、多くの分野で彼の名声を高めたことと思われる教育と生来の資質を持ち合わせていた。それにもかかわらず、ガルスト氏はもっとも身分の低い無学な神の子たちと思われる人々の間に才能を捧げる方を選んだ。名も無い人々と同様高貴の人々を動かす器として用いられた。ガルスト氏は日本での個々の回心の場合だけでなく、国の法律において豊かな収穫を挙げるに違いないおびただしい種をまいたが、ガルスト氏はすでに日本国に対して、『正義は国を高めるが、罪は国民の恥である』と力強く戒めている」。

「今は日本のあなたがたの小さな群にとって悲しい時である。われわれの生れながらの指導者はこの世を去った。彼は全く有能かつ謙虚であったので、われわれは彼の助言と指導に頼った。彼に代わろうと思う者は誰もいない。彼は、この地に二五年間いる他の多くの人々に劣らず偉大な働きをした。熱意の点では彼はわれわれすべてをしのいでいた」。

「しかしガルスト氏がわたしたちすべてに抜きん出ていた点は人類に対する熱意であった。彼は人間を愛した。彼はよく日本人の聴衆に話す際『わたしたちの国』と言い、『同情、同感』という言葉は彼が日本に対する感情を述べる時に用いた表現であった。彼は日本を愛し、彼の言行はすべて日本をより良くする目的に向けられていた。『彼はわれわれよりも日本を愛していた』とはまだキリスト教に回心していない国会議員の述べた言葉であった。彼は日本のために苦しんだ。わたしは、わたしたちが何キロも荷物を背負って運んだ時、彼に同行したが、彼にとって最後のものとなった旅で、約束を果すため三時間で二十四キロも歩いた。『あそこは先生が行かれるには不潔すぎますよ』ともっとも勇敢で忠実な伝道者の一人が忠告した。『そこにはキリストのことを聞いていない人がいますか』。『ええいます』。『それなら行かねばなりません』。徒歩で晴雨にもかかわらず、彼は十字架の旗をかざして進んだ。彼は潮流をも悪人たちをも恐れず苦しむ人々、途方に暮れた人々のもとを訪れた。彼のただ一つの主題は主の復活であった。『わたしたちも墓を大事に考えます』と彼が先祖を敬う聴衆に話し掛けるのを聴いた。『そしてわたしたちが一番大事にしている墓は、神の子が三日三晩を過したからの墓です』。彼は勇敢で恐れを知らなかった。わたしたちは有名な神社の近くで集会を開いていたが、そこに漁師は船が無事に浜に帰る度に魚を一匹供えることになっている。そこは偶像を拝む群衆の真中で、彼らは外国人にほとんど好意を持っていなかった。その小さな場所に出入りする船の数は千を下らなかった。ガルスト氏は怠惰な僧に魚を捧げる慣習をためらわずに非難した。というのは彼らは人々がもがいている暗闇を深めるだけで、お返しに何もしてやる事が出来なかったからである。彼は、そこに立ちその群衆に向かって、キリストの名で神と和解するよう願った時、全く軍人のように見え、またその通りであった。主の復活とキリストに従おうとする者のため墓の彼方に備えられた喜ばしい永遠の生命に触れた時、彼の顔は神々しいほほえみに輝いた。日本国中を旅する間、彼は友人たちや同労者たちに挨拶の言葉を送るのを決しておろそかにしなかった。彼らは何時も彼が言わば家族の一人であると感じていた。彼は神の言葉が大好きであった。わたしたちの最後の旅の間、彼は暇さえあれば日本語訳で聖書を読んでいた。彼は十分にそれに印をつけ、その美しい箇所について詳しく話すのが好きだった。その結果、彼の説教は聖書に忠実だった。彼は昔の預言者の言葉で語った。『わたしの思いは目覚める時も眠る時も義であった』。これは彼があの世に去られる直前に口にされた言葉である。正義のため身を削られた人があるとすれば、それはチャールズ・E・ガルストであった」。

「われわれは皆父を失ったのである。彼の思いやりは深かった。彼の顔には並々ならぬ表情がたたえられていた。ガルスト氏は日本の誰よりキリストの性格に近い人間であった。彼は幼子と全く同じように純粋であった。彼の口からは内容の深い良い言葉以外は一言たりともれなかった。彼はキリストの弟子として働き、またそのように生きたのである」。

「この世には二種類のキリスト教徒がいる。つまりこの世のキリスト教徒とあの世のキリスト教徒である。ガルスト氏は二つの考えを合わせ持っていた。彼はあらゆる人間の必要に答える福音を信じていないわけではなかったが、彼が説いたのは絶対的な神学的福音ではなかった。彼は単純な福音伝道の真剣さ、人々にキリスト・イエスの富を説く点では少しも他人に引けを取らなかったが、そのことは彼にとって単に来世に移る準備のようには思われなかった。彼は神の国を人々のもとに来らせようと努めた。改革に役立つ問題や人類のためになる問題があれば、彼はすぐにそれに賛成した。『あの世の』キリスト教徒については特に言うことはないが、『この世の』キリスト教徒はもっと必要なのではなかろうか。われわれはキリストの王国の到来、イエス・キリストの支配のために、この世で備えなければならない。改革者である人間を尊ぼう。キリスト教的博愛主義者を尊ぼう」。

16　兵士の心からの言葉

「わたしの人生こそわたしのメッセージ」

祈りについて。一八九七年に妹さんへの便りの中でガルストは、「わたしたちが日本に戻ってから四年以上になり、もう四年すれば故国に帰るが、四年間はわたしにとっては長い時のように思われる。さてその年月は何を生み出すだろうか。わたしには分らない。ただ祈ることしかできない。どうして人々はもっと祈らないのだろうか。どうしてわたしたち弱い人間は助けなしに生きて行けようか。どうして主はわたしたちが求めるに値しないと考える助けを、与える値打ちがあると考えられるだろうか」と述べた。

わたしは、何度ガルストが真夜中近くに長時間にわたる説教の夕から帰宅して、是非必要な休息を取る前に声を出して祈るのを耳にしたことだろう。山、丘の頂、海岸、林の人里離れた場所、そうしたものに声さえあれば、彼が「祈るためにひとり離れ」、愛する人々に代わって神の前に苦しみもだえた時の記録でわたしたちに感動を与えることが出来るのだが。

「もし不満を抱いている人があれば、伝道の旅をさせるがよい。そうすればその人は家庭こそ地上の小さな天国と考えて帰って来るだろう」。

これは彼が伝道の重要性と日本の宿屋と旅行方法の多くの不便を考えた時の兵士としての言葉である。「教会には一部はその偉大な働き手から受けた性格がある。メソディスト派は多かれ少なかれウェスレーに似ており、長老派はカルヴァンに似ている。ディサイプルス派には多分にアレキサンダー・キャンベルの色合いがある。ピューリタンはその性格をアメリカ人に刻み込んでいる。われわれの感化に関する限り、日本におけるキリストの教会の性格についての責任に留意することはわれわれの肩にかかっている。もしわれわれがこの点で失敗するくらいなら、われわれが宗派的になり、宗派の名を他の人々に持たせた方がよい。われわれは神への務めを第一とし、熱意と福音の精神に満ちて、キリストの十字架の賛美以外の意図を持たない信徒の一団を育てなければならない。われわれにそれが出来ようか。それは今の事情では難題である。人間の福音のための価値は主として福音のために払う犠牲によって示される。福音を説く者は、何はさておき生ける犠牲でなければならない。もし福音が偽りならば、主イエスの行ないもパウロの行ないも説明することは出来ない。大きな成果を挙げて福音のために働いたすべての人々は、——世間の目に映る限り——自分自身では大きな損失を被っているのである。同じ要素がこの国にあるわれわれの教会の組織の中に入れ込まれなければならない。もし生れてからの七年間が子供の性格を作り、教会の働きも同様に考えられるなら、同じ歳月の間の『小さなこと』の重要性を誰が測り知れようか」。

親に対する務めについて、実の父に宛てて、彼は次のように考えを述べている。「わたしたちはこの国にいて大変幸せで、この徳がわたしたちに一番大切と考えられている世界中のすべての場所のことを考えます。孔子は子供の親に対する大きな務めを教えました。『身体髪膚之を父母に受く』とは彼の教えです。しかし彼は魂を顧みず、天の父のことも全然知りませんでした。わたしは家族を心から愛していますが、人間に対する同胞愛と天の父に対する愛を堅く信じています。教会には遠くの地にある人々に対する務めがあります。わたしは自分に与えられた分を果し、『裁きの日には悲しみでなく喜びの申し開きを』したいものです」。

キリストに関して日本人の友に宛てて、「わたしは過去三十年にわたって聖書を研究してきましたが、キリストの話ほどわたしの信仰に値する物語を知りません」。

宣教師について一言。「アメリカの教会は会員中のもっとも優れたキリスト教徒であり、異教徒に自ら伝道する者に体現された福音を送るべきである。自らの中に本国の教会の愛を帯びる宣教師は、問題の性質上その教会の一員でなければならない。彼は捧げられた金銭以上の者であり、彼に関する限り、生きた自発的な犠牲であり。彼を送り出す教会からすれば、その代表である。律法の下では、目がつぶれたり足が折れたりしている動物は捧げてはならなかったが、恩寵の下でも劣った者は送らるべきではない。

「例を挙げれば、アフリカの部族にフィラデルフィアの教会が彼らを愛していることがどうして分るだろうか。宣教師は家族を連れて彼らの間に入り、彼らの一人のようになり、彼らの言葉を覚え、彼らに読み方を教え、彼らが病気の時は彼らを介抱し、家を建てたり庭に種をまくのを助けて、彼らにキリストの愛を教えるのである」。

「また宣教師は金で雇える人間でもない。彼が与えるものは金銭では計れない」。

父親としての念願。一歳の幼い娘に、彼は福島（幸いな島の意）から便りを書いた。『『幸いな島』、帝国などについて話してみなさい。わたしは国を治めるよりむしろ両腕でお前の首を抱きたい。今までにいた一番偉い将軍になるよりむしろ、お前に従う値打ちのある手本を示すために生きたいものです』。

「偶像崇拝の本質」と題する研究では聖書がふんだんに引用されている。イザヤ書四四・一六、出エジプト記三二・四と六、ローマの信徒への手紙一・二五、エズラ記二三・七、サムエル記上一五・二三、エフェソの信徒への手紙五・五、コロサイの信徒への手紙三・五、コリントの信徒への手紙一・一〇・二〇、フィリピの信徒への手紙三・一九、ヨハネの黙示録二一・一五、ヨハネの手紙一、五・二一。「偶像崇拝と直接関係している罪は、頑なさ、貪欲、肉欲、偽り、悪魔崇拝である。以上は偶像崇拝者に向けられる一群の恐ろしい非難である。日本人は、『徳は孤独ではなく、必ずや隣人が集まる』と言う。偶像崇拝も一人ではなく、群れを成し、忌わしい行いをなす下劣な同族である。貪欲も偶像崇拝と同類と見なされるもう一つの悪である。誰でも貪欲な人を軽蔑する。彼は他人をだまして労苦の結果を巻き上げることが出来る限り何でも平気でやる。彼はルイジアナの宝くじ、腐敗した道徳を作り上げ、食物の質を落とす。それは人間をどこまで堕落させるだろう。それは教会の神聖な門に入り、つまらないものは捧げられるが、他の大事なものは隠しておかれる。『肉欲は偶像崇拝の付きものであり、肉欲的な心は目に見えるものしか信じられず、官能的なことだけを楽しむ。偶像を祭る寺と結びついているのは売春宿で、酒杯は当然のものである。例えば、わたしが日本で初めて訪れた寺の一つには、同じ構内に売春街があった。日本のいかがわしい家ではどこにも仏壇があり、そこに供物が置かれ、毎日ろうそくがともされている。アメリカの酒場は何故内部を隠すためつい立てを用い、窓にペンキを塗るのだろうか。そこで続けて行われていることは、偶像崇拝の正に核心である。異教の、そうローマ・カトリックの国々およびアメリカの偶像の数に比例して、偽り、頑なさ、貪欲および淫らさがはびこっている。例えば、長く身近な経験でインド、中国および日本の裏の生活に詳しい人々の証言はどうだろうか。インドの神々は偽りの腕前に長けているために賞賛され、貪欲は広く行きわたっているので、金を手に入れたいと思って『教会に入る』者が多い。人々はあまり頑ななので、証明されてもことを信じようとしない。彼らはしばしばダチョウのようであり、せっぱ詰ると頭を砂の中に突っ込む。彼らは気に入らないことは無視する――つまりそれが存在しないかのように扱う――がちゃんとそれが存在することは知っているのである。淫らさは日本では勢力があるので、この国には公娼制が満ち溢れている。離婚はあまりに容易に行えるので、若い女性は多くの女性が身を売るのを恥じているのと同じ位結婚することを恥じている。こうしたことをつくづく考えると、頭はふらふらとし、気が滅入ってくる」。

「中国人はアメリカから故国に帰り、友人にあの国でもっとも流行している神は『全能のドル』だと話す。彼が同じ寺で祈りを捧げる間、『全能のドル』の崇拝を偶像崇拝と見なしているが、実際その通りである。偶像崇拝は悪魔の領分である。あらゆる偶像を打ちこわすのは教会の仕事であるが、それは神の家で始めねばならない。イエスは神殿を清めて伝道を始め、その方法を繰り返して働きを終えられた。祈りと賛美は美しいが、偶像崇拝はその罪の深さを誰が計れようか。愛するヨハネが『子たちよ、偶像を避けなさい』〔ヨハネ一、五・二一〕と言ったのはもっともである」。

日本の将来については、一八九七年に彼は次のように書いている。「次の数年間に日本では最近十年間よりも大きな変化が起るだろう。人々はノアの鳩のように、足の裏を休める宗教的な場を、儒教にも、仏教にも、神道にも見出せず、ただキリストにのみ見出すことができる」。

彼の標語。「この世にはたった一回の人生しかないが、真理と誠実のための人生こそわたしの標語である」。

「わたしにとっては非常に低い考えであるかもしれないが、わたしが人生について見たところでは、腹に食物が入っていない人間は、頭の中も乏しい」。

「日本の大多数の家には家畜がほとんどいない。『戸口の狼』を除けばの話だが」。

最後に彼が唱えた根本的改革、つまり単税について一言。ここは単税、いわゆる罪のない税についての本格的な論説を記す場ではないが、この問題の綿密な調査に通じる関心を引き起こしたい。ガルストは単税が人類の悪に対する万能薬とは主張しなかったが、社会正義に至る一つの道であると心から信じた。ある人はそれを「天の父のすべての子供たちに父の食卓の席を与えるもくろみ」と述べた。ヘンリー・ジョージ（その著作は敬虔なほど宗教的なものであり、ガルストが擁護したのは単税の政治面ではなくその宗教面であったが）を引用して、彼は「『貧しい人々はいつもあなたがたと一緒にいる』。もし聖書が悪魔のために曲解されたことがあるとすれば、それはこの聖句であった。この言葉が人間の貧苦と堕落に際して、良心をなだめて黙認させ、そのような冒瀆を助長するために、どんなにたびたび明白な意味からゆがめられたことだろう。しかしこれは、いとも賢く慈悲深い無限の父が、この世の賜物を授けられようとされる対象である他の人々が、施しを与える喜びと美徳を味わえるようにするために、多くの人々が貧しくなければならないと命じられたというキリストの教えを正に否定した考えである。『貧しい人々はいつもあなたがたと一緒にいる』〔マタイ二六・九他〕とキリストは言われたが、キリストの教えはすべて『神の国が来るまで』

〔ルカ一二・一八〕という限度を設けている。地上の神のその国、キリストが弟子たちに祈り求めるよう教えられたその正義と愛の国では、貧しい者はいなくなるだろう」と記している。

大酒飲みと怠惰が貧困の主な原因であると論じる人々は、聖書を開き、神が貧しい人々に与えられた美しい約束を顧みて、大酒飲みと怠惰という言葉を取り消すよう努めるべきである。もし聖書の中ではっきり目立つ一つのことがあるとすれば、それは神が地上の虐げられた人々に目を注いでその訴えを嘉しておられることである。神はレビ記二五・二三に、「土地を売らねばならないときにも、土地を買い戻す権利を放棄してはならない。土地はわたしのものであり、あなたたちはわたしの土地に寄留し、滞在する者にすぎない」と言っておられる。詩篇一一五・一六では、「地は人への賜物」とあり、コレヘトの言葉五・九では、「地の利益は万人のものである」〔欽定訳・新共同訳にはない〕とある。言い換えれば、地代は庶民のものである。神の食卓の九割の席が一割の人間に独占されている間は、当然九割の人々がひどく苦しめられることになる。救い主は野の花や空の鳥を指さされたが、こうしたものが土地から取り去られ鉢や鳥かごに入れられれば、教えには説得力がほとんど失われる。

ガルストのひつぎが書斎に開いて横たわっていた正にその日、ブリンクレー大尉が編集する日本で発行された一流の英字紙「ジャパン・デイリー・メール」が単税についての極めて優れた社説を載せたことは、多くの人々にはすばらしいことであるように思われた。ちなみにこの人物は主要な図書館に収められている日本、中国、朝鮮に関する見事な著作を書いた教養豊かな英国紳士である。この論説は、紙面の都合上ここでは引用を控えたい。大尉は、「東京のジャーナリストの間で、一般の人々に単税の真の原則を知らせようという運動が進められているのは喜ばしい」と述べ、日本が「現在欧米で不幸にも実施されている不合理で、経済に反し、人々の望みを奪う制度」よりむしろこの課税方法を急いで採用するよう力説した。

もし単税が理論的に正しいという論点が認められるならば、それが実際的でないと主張するのは神を恐れぬ言葉ではないだろうか。神にとっては不可能なことはないのである。もしその計画が理想的ときめつけられれば、神は理想を予定から除外する働き人を哀れまれると思う。キリストがわたしたちに、「御国が来ますように。御心が行われますように、天におけるように地の上にも」と祈るよう命じられた時、理想に承認の印を押されたのである。キリストが御命を捧げられた対象である人類にとって上等過ぎるものはない。わたしたちは不信仰によってこのようにはずみがついている運動を妨げることが出来るし、あるいは同じ運動を成しとげるためまず御国と主の義を求める人々を神が助け給うという強い信仰によって、いま現代の社会的、産業的不平等に飲み込まれ、主を待望する子供たちが父の食卓の席に就くことのできる時を早めることもできる。

17 ガルストの名残り

足跡は今も残る

ガルストの変らぬ感化の多くの美しい出来事は、彼がこの世を去ってからもわたしのもとに伝えられている。その中のいくつかを述べてみたい。ミス・ジョンソンは、「一人の女性が数日前に訪ねて来て、ガルストという名のアメリカ人について何か知っているかと尋ねました。彼女は新聞で彼が亡くなった事を読み、彼についてもっと知りたいと思ったのです。彼女はこの家の近所に越して来たばかりで、わたしの家の集会に出ると約束しました。この女性は鶴が岡からここに来たので、福音に大反対していたのですが、ある時『聖書の道』でガルストのことを読み、『わたしの神様たちはわたしのためにこんな事はしてくれませんでした』と言って、それからは聖書を学び、おロクさんが彼女に教え、この前の日曜に洗礼を受けました。彼女は大変幸せそうで、大変役に立ってくれます。彼女は本荘の病院で看護婦になる積りでいます」と知らせてくれた。

バプテスト伝道団のジョーンズは親切にも人力車夫との経験の話を書いてくれた。ある日車夫が彼を長い時間車に乗せて行く間、その車夫はとても話し好きであったが、「ガルスト」という名の外国人を知っているかと尋ねた。ジョーンズは二人の間の親交とガルストの意気揚々とした帰国について熱心に語った。男はじっと耳を澄ましていたが、話が終ると、長い一日の旅でガルストを車に乗せたが、道の途中「先生」が「イエスの道」と禁酒の生活について教えてくれた（というのは彼はその男が酒飲みであることをどうやら知ったのである）ことをジョーンズに話した。哀れな男は、その時受けた深い感動、彼が仲間うちでの飲酒を止めてから手に入るキリスト教の文書を読み、これからも導いてもらうのを心から願っている事を感情を込めて述べた。

一団の巡回宣教師がある晩遅く山中の宿に入った。道中は退屈で、天候は荒れ模様であった。宿の主は家族共々どう見てもいろいろな神々を信じていた。というのは神棚は十分手入れが行き届いていたからである。相も変らず宿の人々は深々とお辞儀し、客ははき物を脱ぎ、長々と続く堅苦しい礼儀はうんざりするほどだった。旅人たちは客間の畳に落ち着いた時、床の間の掛け軸に気がつき、「心の清い人々は、幸いである。その人たちは神を見る」という言葉を読んだ。その場にそぐわない格調の高い文句に接して驚いて、彼らはその掛け物は何を表わしているのか尋ねると、「ガルスト」という名の長身で金髪の外国人がその宿に泊り、自分が世に広めようとする言葉を書いたのだという答えを受けた。宿の人々はガルストが筆で漢字を書く非凡な鮮かさに感心して、彼の宿泊を記念する書を願い求めたのである。

年若い宣教師たちがガルストの昔の伝道地域を巡る時――彼の最後の巡回からほとんど一四年が経っているにもかかわらず――人々が彼の働きを口にするのを絶えず耳にし、「先生もずいぶん田舎巡りをされたものだ」と言うことがある。他の団体の宣教師が一軒の農家に足を止め、廊下の端に腰を下ろして、農民と雑談する間に用意した文書と聖書の分冊を開いた。やがて聖書を取り出して、彼はその本について話し始めた。農民は、「それはイエス、つまり地に下ってわたしたちのために死に、天に帰り、またお出でになる人のことを書いた本ですか」と口を出した。

宣教師が合づちを打つと、農民は、「わたしはその本を読み、近所の人たちも読みました。ずっと前に一人の外国人がここに持って来たのです。わたしたちには名前は分りませんが、名刺を置いて行きました。そこに書いてあるのは日本語ではありません」と言って席を外し家の中に入り、古くなって黄色に変った名刺を持ってすぐに戻って来た。それには英語で、「C・E・ガルスト」と書かれていた。

海の深みに乗り出す

不思議で驚きべきことが起った。忠実な働き手である秋田のジェシー・J・アズバリーの健康がそこなわれ、回復のため急いで帰国したので、軍人出身の宣教師の娘がその穴を埋めるため呼び出され、正に今新たな持ち場、自分が生れた町に向いつつある。

ここには前任者に代わる幼稚園教員が多く見つかるものと思われるが、向こうでの難儀な課題には他に人がいないように見えた。この国で神と人に仕える者が直面する問題で、かの地にないものは一つもない。暴飲、社会悪、世俗欲、階級差別、人種的憎悪、労使間の問題――正に産業状況の悲劇、宗教界の派閥主義、破壊的批評、無神論的および不可知論的教え、非常に有害な数ヶ国語の文献、そしてその上多数の僧侶たち、盛大な儀式、全くの絶望を抱える偶像崇拝の暗影を付け加えなければならない。何週間にもわたって事態は劇的であった。睦仁天皇の逝去から日本人は正に偶像崇拝する心の上げ潮に巻き込まれている。皇室の葬儀は新旧の日本を向き合わせている。二〇世紀の陸海軍の誇示、全世界の宮廷からの外交官、目もまばゆい電飾、輸送機関――すべては現代に少しも引けを取らぬ国家を示している。古来の儀式の厳守、中でも乃木伯爵夫妻の悲劇的な自殺は日本人にさえ古い日本を現わしている。国の会議にすばらしい貢献をする優れた知識を備え、近代戦術の大家であった乃木将軍については――君主への忠誠を証明した最後の行為について何と言おうと――、彼の献身は疑いなくキリストへのこれに負けない忠誠を示すようにというキリスト教徒に対する激励である。

わたしたちは、日本がその富、一五〇〇万ドルの金を、亡き天皇をあがめるために、注ぎ出しているのに、自分たちの富をためらいがちの手に握り締めることができようか、あの皇室の葬儀では、天皇に勝る名は一つも高められなかった。このことは、日本で「キリストを万人の主の冠を戴かせよう」という新たな努力への全キリスト教徒たちに対する何という訴えであろうか。

キリスト教徒が、乃木伯爵夫妻が旅順で二人の子息を進んで捧げたのを目にして、自分の子供たちが世の悪の力に対する戦いに召される時ひるむ事が出来ようか。

わたしは何年も前、海辺の避暑地高山で起った事件を思い出す。恐れを知らぬ泳ぎ手であったガルストは大波の向こうに出て、強い波との壮大なたわむれを楽しんでおり、一方わたしはおどおどして浜に残っていた。自分のいる所に来るようにという彼の合図に答えて、わたしは「こわいわ」と大声で言った。すると彼はわたしの所に急いで来て、わたしの両手を取って、「いいかい、波が来るのが見えるたびにそれが砕けないうちに僕と一緒に高く飛びなさい。深い所に出れば大波の力は感じられないから」と言った。彼の手にすがり、その指図に従って、わたしは沸き立って打ち寄せる波に飛び込み、わたしたちは苦労しながら海に乗り出し、下の静かな深みに持ち上げられた。

わたしたちのグレッチェンは、日本の恐ろしいほど多くある必要の底知れぬ深みに乗り出しているが、キリストが彼女の両手を支え給うであろう。

訳者あとがき

本書はローラ・デラニー・ガルスト夫人が一九一二年に著わした The West-Pointer in the Land of the Mikado, Fleming H.Revell Company, New York を訳したものである。原文中にある手紙文、論文、詩などは紙面の都合上省略した。また、数年前に秋田魁新報社は、同じ本に基づいて、『米国宣教師夫人が見た一世紀前の秋田——抄訳ローラ・ガルスト回想録』を出版している。本書の秋田時代の部分を解説を交えて記している。

差別語について、日本基督教団部落解放センター委員長、東岡山治牧師、また遠藤富寿牧師にご指導いただいたことを感謝したい。また、この書の出版については、聖学院大学出版会の方々の多大な御世話になったことを感謝したい。

本書に数多く引用されている聖書は、日本聖書協会の「新共同訳」(一九九一年)を用いた。また、訳者注は、〔 〕に入れたが、とくに説明を必要とする個所にとどめた。

ガルスト宣教師は文字通り神を愛し人に仕えるため生命を捧げて福音を伝えた人物であるが、その尊い姿を人々に伝えることが出来ればまことに幸いである。伝道上の諸問題はもとより、今から百年前の日本の様々な側面を知るために興味深く重要な文書と考えられる。「一粒の麦地に落ちて死なずば」。

最後に、本書が学校法人聖学院の創立百年を記念して出版されることになり、小倉義明副院長より、すすめの言葉をいただいた。ここに感謝申し上げたい。

二〇〇三年一月

小貫山　信夫

訳者：小貫山信夫（おぬきやま・のぶお）

1926年東京都港区芝に生まれる。東京高校理科乙類卒業。東京大学第二工学部電気工学科中退。秋田県渉外課翻訳嘱託勤務（その間に文部省中等教員検定合格)。1949年から県立高校に勤務（その間にフルブライト留学生として、ニュージャージー州立ラットガーズ大学大学院において「米国文明」を研究、またミルトンの“Paradice Regain'd”「楽園回復」を翻訳)。1992年から9年間、聖学院大学欧米文化学部非常勤講師として勤務。

チャールズ・E・ガルスト

2003年2月20日　初版第1刷発行

訳　者　小　貫　山　信　夫

発行者　大　木　英　夫

〒362 埼玉県上尾市戸崎1-1

発行所　聖学院大学出版会

電話048（725）9801　FAX048（725）0324

堀内印刷

ISBN4-915832-52-X　C 0016

光の子と闇の子
デモクラシーの批判と擁護

ラインホールド・ニーバー著
武田清子訳

政治・経済の領域で諸権力が相剋する歴史的現実の中で、自由と正義を確立するためにはいかなる指導原理が必要か。キリスト教的人間観に基づくデモクラシー原理を明確にする。　四六判上製本体二一三六円

ラインホールド・ニーバーの歴史神学

高橋義文著

ニーバー神学の形成背景・諸相・特質を丹念に追い、独特の表現に彩られる彼の思想の全貌を捉えながら帰納的に「歴史神学としてのニーバー神学」と特質を解明する気鋭の書下ろし。　四六判上製本体四二七二円

単税太郎C・E・ガルスト
明治期社会運動の先駆者

工藤英一著

宣教師C・E・ガルストは、秋田への伝道を通して、農村地域の貧困を知り土地単税論を主張。みずから単税太郎をなのり、日本の社会運動家と交流し、多くの影響を与えた。　四六判上製本体二三三〇円

歴史としての啓示

W・パネンベルク編著
大木英夫
近藤勝彦　ほか訳

神の啓示を客観的な歴史的事実の中に見ようとする「歴史の神学」の立場を明確にした論争の書。歴史の流れにおける神の働きを考察し、終末論的希望をイエスの復活に根拠付ける。　四六判上製本体三一〇七円

キリスト教社会倫理

W・パネンベルク著
大木英夫・近藤勝彦監訳

われわれは、文化や社会の問題を、倫理的諸問題を、その根底から再考しなければならない時代に生きている。本書はその課題に神学からの一つの強力な寄与を提示する（あとがきより）。　四六判上製本体二五二四円